노자
도덕경

道德經

근원의 진실을 밝힌 책

노자
도덕경

무공(無空) 역

좋은땅

들어가는 말

어느 시대를 막론하고 인간에게 참된 기쁨과 행복을 가져다
주는 원리는 실존해왔다. 그 거룩한 원리는 지금도 유효하며
앞으로도 영원히 유효하다.

그 원리란 다름 아닌 근원과 '참나'다. 이 진실을 모르면 우리
는 언제나 구태의연한 삶에 매달려 의미 없고 피곤한 생을 살
아갈 수밖에 없다.

구태의연한 삶이란 분리와 욕심에 근거한 삶이다. 그 삶은 결
코 만족이 없고, 가진 것(부, 명예, 지식 등)을 통해 자신의 우
월성을 과시하거나 남을 앞지르는 것을 행복으로 간주하는 삶
이다.

하지만 꿈을 좇는 삶은 겉모습이 아무리 화려해 보일지라도
자아의 감옥이나 다름이 없고, 꿈의 파생물들(자신의 부, 명예,
지식 등)이 아무리 크다 한들 마음의 번뇌와 육신의 무너짐을

막아줄 수 없다.

　그와 같은 초로(草露)의 생은 우리가 생지(生地)를 만났을 때 변화하게 되지만 우리는 언제나 길 아닌 곳에서 길을 찾는다.

　하지만 길의 발견이 어려운 것은 아니다. 오직 하나뿐인 그 길은 나의 수족보다 더 가까운 근원과 '참나'이며, 그 길에서 생의 방황은 멈추게 된다.

　노자는 그 길 즉, 지복(至福)의 원천이며 '참나'의 뿌리인 근원을 도(道)라 했고 무명(無名), 일(一), 대(大), 상(常), 모(母), 등 여러 다른 이름으로 불렀다.

　노자의 『도덕경』은 그 길을 쉬운 언어로 구체적이고 상세하게 밝힌 책이다.

　자세한 내용은 본문을 읽어보면 알겠지만, 그 어떤 말씀보다 '도를 지키라'고 한 말씀은 그분이 체득한 도가 우리 모두의 영원한 본향이며, 만사를 평탄케 하는 참 에너지의 원천이자 장생불사의 길이었기 때문이다.

　성인이 『도덕경』에서 전하고자 했던 핵심은 바로 이것이며 이 책의 결론도 거기에 있다.

　이 사실을 알지 못한 분들은 『도덕경』이 '도' 이외의 다양한 주제를 다룬 것처럼 이야기하지만 성인이 이 책을 통해 전하고자 한 것은 오직 도이며 도 이외의 다른 주제를 언급하지 않았다.

　그것은 이 책에 언급된 모든 인간사는 인간사 자체를 논하기 위한 것이 아니라 도를 증거하기 위한 방편에 지나지 않고, 81 개의 장에 기록된 글은 알고 보면 그 모두가 도에 관한 증언일 뿐이기 때문이다.

본서에 관해 드릴 말씀은 달리 없을 것 같다. 본서는 이 책의 영원한 주제인 도를 다루었고 도에 관련된 사항들은 '읽어두기'와 '쉬어가기'에 정리해 놓았다.

그리고 여태껏 대물림하듯 이어져온 해석상의 오류를 바로 잡았다. (참고: 지금까지 『도덕경』의 수많은 주해서와 번역서가 나왔지만 해석을 종결짓지 못한 이유가 있다. 『도덕경』에는 학문적 추론과 글 뜻만으로는 풀리지 않는 문장이 책의 여기저기에 산재해 있기 때문이다.)

직역만으로 의미가 모호해질 수 있는 문장들은 의역하여 오직 원저자의 참뜻이 전달되게 했고 단, 한 마디의 말씀도 독자들이 혼선을 빚지 않도록 주의를 기울였다.

하지만 필자의 작업에 대한 평가는 순전히 독자들의 몫일 것이다. 필자는 다만, 독자들이 읽다가 그만두는 책이 아닌, 누구나 쉽고 편하게 읽는 『도덕경』을 제공하고자 했을 뿐이다.

아무쪼록 본서를 계기로 세상 사람 모두가 근원을 알고 근원으로 돌아갈 수 있다면, 필자에게는 더 큰 영광이 없을 것이고 원저자에게도 더 기쁜 일은 없을 것이다.

끝으로 이 책이 나오기까지 감수를 맡아준 묵정님을 비롯하여 물심으로 성원해 주신 모든 도반님들께 깊은 감사를 드리며, 본서의 출판을 담당해 주신 '좋은땅' 임직원님들께도 거듭 감사의 말씀을 전한다.

무술(戊戌)년 청명(淸明)
봄기운이 가득한 한가(閑家)에서

역자 無空

해역의 배경

필자가 도덕경을 해역하게 된 동기는 순전히 『노자도덕경 하상공장구』에서 비롯되었다.

필자가 그 책에 깊은 관심을 가지게 된 것은 '하상공장구'가 도덕경의 다양한 주해서 중에서 유일하게 장생불사의 일기(一氣)를 논한 책이었기 때문이다.

하지만 막상 '하상공장구'를 읽고 난 뒤의 느낌은 개운치가 않았다. 그 책이 뛰어난 주해서임에는 틀림없지만 성인이 언급하지 않은 호흡법을 논하는 등, 일부 문장의 해석이 비약되어 있을 뿐 아니라 해석을 종결짓지 못한 점은 이전에 읽어본 도덕경과 별반 차이가 없었다.

그때부터 필자는 다른 번역서의 해석 사정을 살펴보기 위해 '죽간본', '백서본', '왕필본'의 원문이 소개되어 있는 책들을 포함한 여러 권의 책을 구입하여 읽어보았으나 장생불사에 관한 문장해석이 '하상공장구'와 일치하는 책은 없었고 해석상 무리가 전혀 없는 책은 보이지 않았다.

결국 이러한 과정들이 필자로 하여금 책을 쓰도록 밀어붙였지만 막상 해역에 착수하고 보니 예상했던 것보다 작업이 쉽지 않았다.

해석된 글을 읽을 때는 몰랐던 사실이 해역에 임하자 드러나기 시작했는데, 그것은 이 책의 문장이 구어체인 데다 저자가 직접 쓴 글이라기보다는 말씀을 받아 적은 글이란 느낌이 들었고, 주어, 목적어가 생략된 문장과 대명사가 많아서 의미연결이 되지 않는 문장이 태반이었기 때문이다.

게다가 지금 통용되고 있는 의미와는 다른 의미를 가진 한자는 물론, 글자 하나가 문장 역할을 하는 한자도 많고, 아(我), 오(吾)나 소(少)처럼 무조건 '나'라고만 해석하거나 '작다'라고 풀이하게 되면 해석이 빗나가버리는 한자가 하나 둘이 아니었다.

이러한 글은 원저자에게 직접 물어볼 수 있으면 문제가 없겠지만, 남겨진 글만 가지고 해석해야 하는 사람들에게는 암호를 해독하는 일과 별반 차이가 없다.

이 모든 상황을 고려할 때 이 책의 완역은 중어문화권에 속하는 사람들에게조차도 50%의 원재료로 100%의 완성품을 만드는 일과 다름이 없어보였다.

결국 필자는 주어진 문장만을 가지고는 해석을 완결 지을 수 없다는 사실을 절감한 끝에 다른 길을 찾아야 했다.

다행히도 길은 생략된 문장과 글에 놓여 있었지만 그 길을 통과한다는 것이 결코 쉬운 일은 아니었다.

그 길이란 해역자가 저자의 입장이 되어 글과 문장의 사이사이에 생략된 말씀까지도 복원하여 해석문을 다듬고 완성하는 일이었다.

저자의 입장이란, 각 문장의 말씀을 기록된 글만으로 해석하는 것이 아니라 성인이 전하고자 한 뜻을 읽어내어 그분의 시각에서 문장을 해석하는 것이다.

하지만 이 일이 제대로 되지 않으면 생략된 말씀을 복원할 수 없고 해석을 완결 지을 수도 없기 때문에 필자에게는 무척 큰 인내와 에너지가 요구되는 작업이었지만 천우신조로 작업을 무사히 끝낼 수 있었던 것 같다.

본서는 그런 배경 속에서 나오게 되었지만, 대중적인 책으로 거듭나려면 작업 포인트가 이 책의 중심주제인 도(道)와 본문으로 옮겨가지 않으면 안 되었다.

그것은 도가 이 책의 핵심인 데다 도에 관한 이해가 없으면 독서가 옳게 되지도 않을 뿐더러 본문의 해석이 어지러우면 책을 읽기가 싫어지기 때문이다.

그런 이유에서 필자는, 독자가 본문을 읽는 것만으로도 독서를 끝낼 수 있도록 해석상의 오류를 시정함은 물론 글과 문장 연결의 부자연스러움을 해소하기 위해 생략된 말씀을 복원하는 데 최대한 주의를 기울였다(대부분 괄호로 표시함). 또 문장 해설이 필요한 경우에는 각주(□)를 사용했으며 해석을 바로잡은 일부문장은 '○' 표시를 했다.

또한 본문의 의미를 현대인의 입장에서 재고해 볼 수 있도록 '쉬어가기'를 책의 군데군데에 삽입해 놓았다. '쉬어가기'는 비실용적 이론이 아닌 성인의 진리를 반영한 글인 만큼 독자들의 삶에 유용한 참고가 되겠지만 읽지 않아도 독서에는 지장이 없을 것이다.

아무튼 본서를 읽은 독자가 도와 인생의 참 이치에 대해 깊이 고찰해 볼 수 있다면 필자로서의 소임은 다한 것이 아닌가 생각한다.

목차

본문 2 德經(덕경)

쉬어가기 목차

읽어두기

'읽어두기'와 본문 후미의 '쉬어가기'는 독자의 이해를 돕기 위한 장이다. 읽어두기는 본문을 읽는 데 꼭 필요한 도와 유, 무의 세계, 무위, 무사를 설명한 글이고 쉬어가기는 독자가 본문의 의미를 되짚어 보기 위한 글이다.

두 글은 필자의 사견이 아닌, 사실을 진술한 것이고 『도덕경』에 기록된 말씀을 보좌한 글에 지나지 않는다.

거기에 사견이 들어간다면, 성인의 뜻을 전하는 것이 아니라 필자의 뜻을 피력하는 것이 되므로 두 글의 의미는 없어진다. 그러므로 독자들은 이 점 오해 없으시기 바란다.

◎ 노자(老子)

춘추전국시대에 출생, 이름은 이이(李耳), 자는 담(聃), 초나라의 고현 여향 곡인리 사람. 주나라에서 오래 살았고 주나라 왕실 도서관에서 일했다.

주나라가 쇠할 무렵 살던 곳을 떠나 시골로 향하는 도중 함곡관에 이르렀을 때, 그곳의 관령(關領) 윤희(尹喜)의 간곡한 요청으로 두 권의 책을 저술해 주고 떠났는데 그 책이 바로 지금의『도덕경』이다.

그 이후 그가 어디로 갔는지 아는 사람이 없으나, 전해지는 바로는 200살을 살았다고 하며, 신선이 되었다는 이야기도 있다.

◎ 도덕경(道德經)

이 책은 모두 81장으로 구성되어 있다. 전반부인 1~37장은 도경이고 후반부인 38~81장은 덕경이다. 도경, 덕경으로 나뉘어 있지만 그런 구분이 별 의미가 없는 이유는 도경에서도 덕을 논했고 덕경에서도 도를 논하기 때문이다.

이 책을 읽는 독자는 될 수 있는 한 성인이 말씀한 도를 이해하는 것이 필요하다.『도덕경』을 읽는 의미는 도에 있기 때문이다.

◎ 도덕경(道德經)에 관한 소고(小考)

『도덕경』은 성인의 가르침이자 영원불멸의 진리가 담긴 책이다. 책 속의 말씀은 간결하지만 도와 하나 된 성인의 의식세계를 반영하고 있으며, 성인이 말씀한 도는 우리 모두가 돌아가야 할 곳을 밝혀주고 있다.

그 돌아가야 할 곳을 성인은 상도(常道)라 했다. 이 책이 전혀 종교적인 색채를 띠지 않으나 성경 다음으로 많이 읽히는 이유는 바로 '상도'에 있다.

그럼에도 지금까지 『도덕경』을 읽고 해석한 분들의 주장은 각양각색이다. 혹자는 『도덕경』이 무위자연과 이상 국가를 논했다고 했고, 혹자는 왕의 치세훈(덕치)과 양생술을 다룬 책이라고 평했는가 하면, 심지어 어떤 분은 처세술, 용병술을 가르친 책이라고 주장하기도 했다. 하지만 이 책은 '도' 이외의 것을 주제로 삼거나 가르친 적이 없으며 이 책에 관한 다양한 추측과 주장들 역시 성인이 전하고자 한 참뜻과는 거리가 멀다.

그것은 지금까지 도덕경을 해석한 분들이 이 책의 결론(도)보다 부차적인 내용에 초점을 맞춘 결과로서, 1장이 도를 논했고, 2장은 도와 하나 된 성인이 상대성을 초월해 있다고 했고, 3장은 도와 하나 된 성인이 다스리는 예를 들었고, 4장은 도의 성품을 얘기했고, 5장은 하늘과 땅 사이에 작용하는 도를 얘기했으며, 나머지 장들도 똑같이 도를 논하고 있는 사실을 볼 수 없었던 것이 원인이다.

그렇듯이 이 책에 얽힌 온갖 주장과 추측은 물론이고 성인의 말씀이 언어적 잠언 이상의 의미를 갖지 못하게 된 것과 지금도 학자들끼리 글자 하나를 두고 논쟁을 벌이고 있는 것은 그 모두가 가르침의 핵심을 놓친 결과라고 말씀드릴 수밖에 없다.

즉, 각 장(章)의 말씀은 단지 '도인 것'과 '도 아닌 것'을 가리키고 있을 뿐이지만, 이를 모르면 이 책이 무엇을 전하고자 하는지를 전혀 파악할 수 없게 된다는 것이다.

그러므로 이 책의 독자가 위의 사실을 인지하고 독서에 임한다면 도를 이해하기가 한결 쉬워질 것이다.

□ 참고: 노자의 『도덕경』은 약 600종류의 판본이 있다고 하는데, 그 중 4개의 판본(왕필본, 하상공본, 죽간본, 백서본)이 널리 알려져 있다. 오랜 세월 동안 통용본으로 알려져 왔던 '왕필본'은 AC 230년경에 저술된 것이고 '하상공본'은 '왕필본'이 나오기 이전의 판본이지만 저술 연대가 분명하지 않다.
가장 오래된 판본은 1993년 중국 호북성에서 출토된 '죽간본'(BC 400~500년)이고 그 다음이 1973년 중국 호남성에서 발굴된 '백서본'(BC 200년)이다.
각각의 원본은 한자 사용에 약간의 차이가 있지만 내용은 동일하다. 혹자는 통용본에는 서로 모순되는 듯한 문장들이 있고 죽간본은 각 장의 문장이 처음부터 끝까지 하나의 흐름으로 연결되어 있다고 하지만 이는 다소 일방적인 견해인 것 같다. 문장의 뜻만 바로 알면 통용본에도 전혀 모순된 문장이 없기 때문이다.
본서는 '왕필본'의 원문을 참고했다.

1
도(道)

서언

도는 길이지만 그냥 길이 아니다.
하나뿐인 그 길은 근원에서 나온 길이며
근원으로 돌아가는 길이다.
근원은 우주 삼라만상의 본질이자 모태다.
노자는 이 길과 근원을 한데 묶어 도라고 했다.
노자가 알리고자 한 그 도는 온유하며
주고 베풀기만 하는 천지만물의 근원이자
우리가 돌아가지 않으면 안 될 우리의 본향이다.

우리의 고단한 인생은 본향을 등진 대가이며
본향의 상실은 우리에게 미아의 길을 걷게 했다.
하지만 미아의 길은 우리 스스로 선택한 것이며
그 결과는 고생 끝에 찾아오는 죽음이다.

도는 우리가 미아의 길에서 벗어나기를 바라는
성인의 큰 사랑이 가르쳐준 길이다.

도는 형이상학적 개념이 아니라 실존하는 본향이며
우리에게는 '부활의 문'이지만
이 진실을 볼 수 없는 사람들은
도를 자신의 생각으로 해석해왔다.
혹자는 도를 은둔의 길이라 했고
혹자는 욕심 없이 자연스럽게 사는 길을
도라고 했다.
하지만 그건 전혀 잘못 알고 있는 것이다.
도는 우리가 지금 있는 그 자리에서
삶의 고뇌를 벗는 길이며,
성인이 '도에게로 돌아가라'고 한 것은
우리가 도에게로 돌아가지 않으면
욕심을 버릴 수도 없고
자연스럽게 살 수도 없기 때문이다.

(1) 도가도 비상도

말과 글에 얽매이면 진실을 볼 수 없다.
언어는 달을 가리키는 손가락이지 달이 아니다.
수면에 비친 달은 수면이 거울처럼 고요할 때
그 모습이 선명하게 드러난다.

그러므로 도를 알고자 하는 이는,
'도가도 비상도'의 의미를 숙고할 것이 아니라
마음에서 비워버려야 한다.
도는 비움만을 필요로 하기 때문이다.

노자가 말씀한 도는 그의 세계관이 아니며,
철학, 사상, 종교는 더욱더 아니다.
도를 그런 분야와 연관 짓게 되면
남는 것은 도와의 영원한 분리뿐이다.

성인은 다만, 도를 알고 지킨 분이며
도를 사용한다고 했다.
도는 성인의 유일한 의지처이자 안식처였고
그에게 생명을 먹여주는 어버이이자 보호자였다.
그는 도를 '사모(먹여주시는 어머니 20장)'라 했고,
도가 임하는 곳에 혼란이 사라지는 것(4장)을 보았다.
성인이 아는 도는 그런 도이고,
도에 관한 그의 증언은 매우 사실적이다.

(2) 도의 실체

노자가 말씀한 도는 어떤 도인가?

어떻게 하면 그 도를 알 수 있는가?
세상에는 그(도)를 아는 길이 무수히 있지만
오히려 방해물의 역할만 했다.

신앙의 세계는 그에 대한 두려움과 죄의식으로
만남을 가로 막았고
수행의 세계는 '내가 닦아서 내가 이루었다.'는
아상(我相) 때문에 그를 알 수가 없다.

결론만 이야기하면,
그(도)를 알기 위해 해야 할 일은 없다.
필요한 것은 오직 '수용(受容)'과 '비움'뿐이다.
수용은 복잡한 과정을 요구하지 않는다.
그냥 순진한 아이 마음이 되어
그가 '있음'을 알고 받아들이는 것이다.
그리고 그를 나의 참 주체로 모시고 지키는 것이다.
'비움'이란 포기와 체념이 아니라
그에게로 돌아가지 않으려는 '나'를 비우는 것이다.
그 '나'는 그를 의심하고 부정하며 거부하라고
끊임없이 회유하는 '나'다.
'고요함'은 비움으로 인해 되살아난
나의 본성이며, 참된 수용은 나의 정성과
그 '나'가 비워지는 만큼 이루어진다.

하지만 나는 내 힘으로 살고 있으며,
내가 할 수 있으며, 내가 아는 것이 있다고
믿는 한, 그를 만날 수 없다.

노자의 말씀 중에
'나의 말은 너무 쉽고 행하기도 너무 쉬운데
사람들은 알지도 못하고 행하지도 못한다.'라고 한
말씀은 바로 수용과 깊은 관계가 있다.
그 말씀은 '그를 알기는 쉬우나 사람들은 자기의심과
부정이 너무 커서 받아들이지 못한다.'는 뜻이다.

(3) 도에게로 돌아감

노자가 말씀한 그(도)는
'스스로 살아 있는 항구불변의 실존'이며
우주 삼라만상의 영원한 본질이다.
그에게서 하늘(허공)과 땅이 열렸으며
형체 있는 모든 것이 그로부터 나왔다.
형체 있는 모든 것이 그에 의해 살려지고 있으며
유형, 무형을 막론하고 그가 없는 곳은 없다.
대자연의 운행도 그의 것이고
우리가 거역할 수 없는 순리도 그의 것이다.

그는 우리가 그를 알기를 고대하고 있다.
우리가 그를 알면 그는 무척 기뻐한다.
자신을 알아보는 자식을 보고 기뻐하지 않을
부모가 있겠는가?
그는 우리와 우리의 삶을 변화시킬 수 있지만
그에게로 돌아가지 않으면 결코 우리의 삶은
변화되지 않는다.

우리는 그에게서 태어났고 양육되었지만
우리 스스로 살아갈 수 있다고 착각했다.
착각은 그와의 이별을 초래했고
지금도 만남은 이루어지지 않고 있다.
이별은 우리 스스로 고생을 짊어진 것이고
그 결과는 방황 끝에 맞이하는 죽음이다.
만약 그와 이별하지 않았더라면
세상은 지금 천국 상태에 있을 것이고
우리는 태어난 것만으로도
큰 기쁨을 누리고 있을 것이다.

성인은 우리가 그에게로 돌아가야 하는 이유를
아기 손에 과자를 쥐어주듯이 말씀했다.
그를 다시 어머니로 모시고 지키면,
몸에 재앙이 남지 않고

몸이 다할 때까지 위태롭지 않다고.
만사를 무위로 해결하며,
그에게서 구하면 얻어진다고.
사람들이 순박해지고 세상은 평화로워진다고.
그에 의해 죽을죄라도 면하게 되며
그가 장구한 삶을 가능케 하여
인생이 사지(死地)를 벗어나게 된다고…….

하지만 사람들은 그때나 지금이나 그대로다.
오직 도를 좇으라는 성인의 말씀을 들어도
그 말씀이 '사는 길'임을 알 수 없으니
의심의 눈으로 먼 산만 바라본다.
도가 주는 것으로 숨을 쉬고, 먹고살면서도
도를 뜬구름 잡는 이야기로만 여기기 때문이다.

그래서 노자는 '내 말은 너무 알기 쉽고
행하기도 너무 쉬운데 사람들은 알지도 못하고
행하지도 못한다.'고 탄식했고,
때로는 '도를 이야기한 사람만 곤란해진다.'고 했다.
천하의 보배도 받으려 하지 않으면 줄 수 없으니
성인도 어찌해 볼 도리가 없었을 것이다.

2
유(有), 무(無)

서언

이 책에서 독자들이 늘 혼동을 일으키는 부분이 유(有)와 무(無)이고 도와 유, 무의 관계다.

특히 『도덕경』의 핵심부인 1장은 도와 유, 무를 언급한 장으로서 각각의 의미를 정확하게 알지 않으면 독서에 지장을 초래하게 된다. 대부분의 번역서에서는 무와 도를 같은 개념으로 다루고 있지만 무와 도는 엄연히 다른 세계다.

또 본문에 나오는 무는 무의 세계를 의미하는 것도 있고 도를 의미하는 것도 있으나 도와 무에 대한 개념을 정확하게 이해하면 혼동을 일으키지 않을 것이다.

(1) 유(有)란?

본문 1장의 유(有)는 형체 있는 것을 총칭한 말이다. 즉, 보고, 듣고, 만질 수 있는 것이 유(有)이며, 오관(五官)에 감지되는 모든 형상과 현상이 다 유(有)인 것이다.

이 유(有)를 '가시적 세계', '유형의 세계', '형체의 세계' 또는
'현상계', '물질계'라고도 하며 본문 1장에는 이를 상유(常有)
라 했고, 불교의 반야심경에서는 이를 색(色)이라 했다. 상유는
'늘 있는' 유형의 세계라는 뜻이다.

(2) 무(無)란?

본문 1장의 무(無)는 형체 없는 것을 총칭한 말이다. 엄연히
존재하지만 볼 수도 없고 만질 수도 없는 즉, 오관으로 감지되
지 않는 세계가 무인 것이다.

무는 형체가 없지만 유형의 세계(형체와 현상)를 태어나게
하고 살아 있게 하는 미시의 세계 즉, 유(有)의 바탕 또는 원인
세계다. 이 무를 다른 말로 표현한 것이 하늘이자 허공이다.

대부분의 번역서에서는 무를 도와 같은 개념으로 보지만 1장
에서 노자가 '하늘과 땅의 시작이 무명(無名 = 도)'이라고 한 말
씀에는 도와 무가 같은 것이 아니라는 답이 그대로 들어 있다.

이는 도가 하늘(허공)과 땅을 펼쳤다는 뜻인데, 이 말씀을 다
시 해석하면 '도에서 먼저 하늘(무無)이 나왔고 그 하늘에서 땅
(유有)이 생겨나왔다.'가 된다. 땅은 무가 아닌 유형의 세계이
며 무형의 세계가 엉겨 붙은 가시적 세계로서 만물이 뿌리를
내릴 수 있게 해준다.

그러므로 무는 도에서 나왔고 유는 무에서 나왔으며 유와 무는 분리되어 있는 것 같지만 본질적으로는 동일한 세계인 것이다.

이 무(無)를 '비가시적 세계', '무형의 세계', '물질로 드러나기 이전 또는 형체 이전의 세계', '비 물질계'라고 하는데 본문 1장에는 이를 상무(常無)라 했고, 불교의 반야심경에서는 이를 공(空)이라 했다. 상무는 '늘 있는' 무형의 세계라는 뜻이다.

(3) 유, 무와 도

노자가 본 그대로, 도는 자신이 펼친 허공(무無) 속에서 우주 삼라만상과 소리 없이 교류하고 있다. 도가 지지해 주지 않으면 최소입자조차 생겨날 수 없고 유형, 무형의 세계가 완전한 무(無)로 돌아간다.

본문 1장에는 상무(常無)와 상유(常有)가 이름은 다르지만 근본이 동일하다고 했다. 그 동일한 근본이 바로 도인 것이다. 유는 무에서 생겨났고 무는 도에서 생겨났지만, 결국 유무의 동일한 근본은 도이며 도가 없으면 유도 무도 존재할 수 없다. (참고: 본문 1장 쉬어가기)

이러한 유와 무의 세계를 상대계라고 하는 반면 도를 '유무 이전의 세계' 또는 '유무를 초월한 절대계'라고도 한다. 절대자 하나님이란 칭호도 하나님이 유, 무의 세계를 초월한 존재이기 때문에 그렇게 부르는 것이다.

3
무위(無爲)

무위의 본래 의미는 '행이 없는 행'이다.
그 행은 '도(道)의 행(行)'이다.
'도의 행'은 보이지도 않고 들리지도 않는다.
하지만 '도의 행'이 없으면
씨앗 하나도 싹을 틔울 수 없고
생명 있는 모든 것들을 비롯하여
유형, 무형의 세계가 다 사라지고 만다.
또 하나의 의미는 사람이 도를 지키고 따를 때
행위 없이도 이루어지게 하는 도의 은택이다.
그러한 무위는 인지(人知)를 벗어나 있지만
그 무위야말로 성인이 알리고자 했던 무위이며
도를 모르면 알 수 없는 무위다.

밤마다 싸움이 일어나는 동네에
도인이 이사를 갔다.
며칠이 지나 싸우는 소리가 잦아들더니
얼마 안 가서 완전히 조용해졌다.

아이가 매일 칭얼대며 엄마 말을 안 들었다.
엄마가 도를 만나자 아이의 태도가 몰라보게 바뀌었다.
누구는 도를 만난 이후 육친의 도박벽이 사라졌다.
누구는 도를 만나고 나서 승용차가 대파되는
사고를 겪었으나 다치지 않고 살아났다.
누구는 도를 만나자마자 끈질긴 협박자가 사라졌다.

위의 예에서 단, 하나라도 자신의 의지와 능력으로
가능한 일이 있는가?
아마 이런 예를 들자면 끝이 없을 것이다.

오직 유위(有爲)에서만 삶을 찾으려는 사람들은
도를 알 수 없고 무위를 알 수도 없다.
그 결과 외부환경에 의해 꼼짝할 수 없게 되고
자신이 원치 않는 일을 수시로 겪어야 하는
고달픈 인생이 되는 것이다.

성인의 무위는 위와 같은 사례를 말한 것이며
성인이 몸소 체득했던 무위가 그런 무위다.
성인은 이 무위를 '무위이무불위(無爲而無不爲 37장)'
라고 했다.

□ 유위(有爲): 행동을 비롯한 인위적 작위적 수단을 총망라한 것을 이름.

4
무사(無事)

도는 소리도 형체도 없지만, 할 수 없는 일도 하지 못하는 일도 없다. 도가 하는 일은 드러나지 않고 진행과정도 알 수 없지만, 도의 조화에는 한계가 없다.

무사는 무위를 달리 표현한 말에 지나지 않는다. 무위를 터득한 자는 무사를 덤으로 얻기 때문이다.

무사의 본래 의미는 '하는 일이 없음'이지만 여기서는 무(無)가 일하는 것 즉, '도(道)가 하는 일'을 의미한다. 또 하나의 의미는 사람이 도를 지키고 따를 때 모든 일의 양상이 달라지고 난제들이 도에 의해 저절로 해결되는 것을 말한다.

한마디로 무사는 내가 일하는 것이 아니라 내 대신 도가 일을 한다는 의미다. 즉, 내가 할 수 있는 일은 내가 하되, 내 힘으로 어찌해 볼 수 없는 일을 도가 해결한다는 것이다.

꼭 우연인 것처럼, 도와 함께하는 사람은 물론이고 도의 빛이 스쳐간 사람에게도 일이 저절로 돌아간다. 일상사에서도 그런 일들이 생기지만, 위기에 빠지거나 결정적인 순간에 회생을 가능하게 하는 것이 무사의 참된 공덕이다.

시간이 지나고 보면 무사로써 이루어진 일은 마치 미리 각본을 짜놓은 것 같은 느낌을 갖게 한다.

　무사의 형태를 대강 나열해 보면 - 모든 일이 순리로 돌아가서 어느 쪽도 손해를 보거나 피해를 입지 않는다. 전혀 안 될 것 같은 일들이 한순간에 이루어지거나 기대하지 않았던 공급이 이루어지고 적합한 조처가 취해진다. 필요에 응하려고 기다리고 있었던 것처럼 일이 돌아가거나 뜻밖의 조력자가 나타나서 난제(難題)가 해결된다.

　해서는 안 되는 일, 하지 말아야 할 일은 중지하라는 징후가 나타난다. 이 모두가 자기개인의 능력으로는 불가능한 일이지만 도의 조화는 끝이 없다.

　노자는 무위, 무사가 도의 은택임을 너무나 잘 알고 있었다. 그래서 왕과 제후에게 도를 권할 수 있었던 것이다. 자기개인의 힘으로는 엄두도 낼 수 없는 일을 도가 이루어주는 것, 이것이 무위와 무사의 참된 의미다.

본문 1

道經(도경)
제1~37장

제1장
도란 무엇인가?

도라고 할 수 있는 도는

道可道
도가도

영원한 도가 아니고

□ 사람들이 흔히 이야기하는 이런 도, 저런 도라고 하는 도는 항구불
변의 도(상도常道)를 말하는 것이 아니다.

非常道
비상도

이름 할 수 있는 이름은

名可名
명가명

영원한 이름이 아니다.

□ 도는 이름도 없고 이름을 붙일 수 있는 대상도 아니다. 도는 불변의 항상성을 지닌 반면 고정된 형상이 없으므로 이름을 붙일 수 없다.

非常名
비상명

무명(無名 = 도)은 천지의 시작이요,

□ 이름 없는 것(도)에서 하늘이 나왔고, 땅이 생겨났다.

□ '무명'은 이름이 없다는 뜻이며, 이 문장에서 도의 대명사로 사용되고 있다.

無名天地之始
무명천지지시

이름 가진 만물의 어머니다.

□ 무명(도)은 천지와 만상만물의 영원한 근본이다.

有名萬物之母
유명만물지모

그러므로 상무(常無)에서 그 미묘함(도의 미묘한 작용)을 보고자 함이며

□ 상무는 무형의 세계이며 그냥 무(無)라고 부르기도 한다. 무형의 세계는 하늘(허공)이며, 거기에서 만물만상이 태어나게 한 것은 도의 작용이다. 상무는 상유(常有)의 원인세계이며 '형체이전의 세계'다.

故常無欲以觀其妙
고상무욕이관기묘

상유(常有)에서 그 결말(도의 미묘한 작용의 결과)을 보고자 한다.

□ 상유는 유형의 세계를 말하며, 형체와 현상(만물만상)을 총칭한 것이다. 상유는 상무의 결과세계이며 '형체의 세계'다.

常有欲以觀其徼
상유욕이관기요

이 양자(상무와 상유)는 이름이 다르지만 근본은 동일하다.

□ 상무와 상유의 동일한 근본은 무명(도)이다.

此兩者 同出而異名
차양자 동출이이명

그 동일한 근본을 일러 현(玄)이라 한다.

□ 현은 도의 다른 이름이다.

同謂之玄
동위지현

○ 현(玄)은 하늘 안의 깊고 그윽한 하늘이니

□ '현지우현'은 현묘하고 현묘하다는 뜻이 아니라 하늘에도 층이 있으
니, 현은 가장 깊고 큰 하늘이다.

玄之又玄
현지우현

그 하늘은 뭇 미묘한 작용이 오가는 문이다.

衆妙之門
중묘지문

노자의 도는 근원의 다른 호칭이다

노자가 말씀한 도(道)는 근원을 의미한다. 근원은 이 우주 어디에도 없는 곳이 없으나 어디에도 속하지 않고 어디에도 치우치지 않으며 그 무엇으로도 한정지을 수 없는 존재의 본질이다. 근원은 우리의 언어와 상상을 초월해 있지만 그렇다고 해서 묘사 자체가 불가능한 것은 아니다.

노자가 말씀한 도(근원)는 인간과 천지만물의 시작이자 영원한 본바탕(본향)이다. 그(근원)는 시작도 끝도 없는 영원한 현재이며 알파 이전, 오메가 이후다.

그는 소리도 형체도 없지만 유일하게 스스로 존재하는 본질이며, 이 우주가 다 사라진다 해도 그는 사라지지 않는다.

그의 크기는 극대와 극미를 초월해 있으며, 이 우주의 어떤 것도 그와 비유되거나 필적할 수 있는 것이 없고, 그에게 저항할 수 있는 것은 아무것도 없다. 그는 무궁조화 자체이며 주는 것밖에 없는 큰 사랑이다.

그의 덕(德)은 다함이 없으며, 인간에 대한 그의 사랑은 참으로 각별하다.

그는 우리의 생명처이며 회복처이자 죄업의 소멸처다. 그에게로 돌아가면 고갈된 생명은 채워지고 회복되며, 나의 삶을 파괴하는 보이지 않는 원인(귀鬼, 업력業力)들은 그의 빛에 의해 소멸된다.

　그는 우리를 언제나 사는 길로 인도하며 주는 것은 '생명과 깨달음'밖에 없다.

　노자는 그를 '어머니'라 했고 예수님은 그를 '아버지 하나님'이라고 불렀다. 원효는 그를 '대승'이라 했고 마호메트는 '알라'라고 불렀으며 유대신지학에서는 '아인소프'라 했다.

제2장
상대성을 초월함

세상 사람 모두가 아름다운 것을 알아보고 아름답다 하지만

天下皆知美之爲美
천하개지미지위미

그것은 우리에게 추악한 마음이 있기 때문이다.

斯惡己
사악이

세상 사람 모두가 선한 것을 알아보고 선하다 하지만

皆知善之爲善
개지선지위선

그것은 우리에게 선하지 않은 마음이 있기 때문이다.

斯不善已
사불선이

그런 까닭에 '있음'과 '없음'은 서로를 생겨나게 하고
□ 유(有)와 무(無), 가지고 못가지고의 구분은 서로의 관계에서 생겨
난다.

故有無相生
고유무상생

어려움과 쉬움은 서로를 이루어주며
□ 어렵고 쉬움의 구분도 서로의 관계에서 생겨난다.

難易相成
난이상성

길고 짧음은 서로를 드러내어 주고
□ 길고 짧음도 서로의 관계를 통해 드러난다.

長短相較
장단상교

○ 높고 낮음은 서로의 시선(視線)을 기울게 하며
□ 높고 낮음도 서로의 관계를 통해 인식된다.

高下相傾
고하상경

음과 성은 서로 화답하는 것이고
□ 말하는 사람이 있으면 듣는 사람이 있고 듣는 사람이 있으면 말하는
사람이 있다.

音聲相和
음성상화

앞과 뒤는 서로 따른다.
□ 처음과 끝은 같은 것의 다른 모습일 뿐이다.
□ 미추, 선악, 장단, 고저 등은 독립적인 개념이 아니고 대상에 의해 생
겨나는 개념이다. 이를 상대성이라고 하며, 상대성은 대상이 없으면 성
립되지 않는다.

前後相隨
전후상수

○ 그런 까닭에 성인은 무위(상대성을 벗어남)로 만사에 임하며

□ 여기서 무위(無爲)는 '뜻을 두지 않는다.'는 것이다. 즉, 이 문장의 무위는 '있고 없음, 길고 짧음 등을 구분하는 상대성을 초월해 있다.'는 의미다.

是以聖人處無爲之事
시이성인처무위지사

무언의 가르침을 행한다.

□ 성인의 상대성을 벗어난 행(行) 자체가 가르침이다.

行不言之教
행불언지교

만 가지 일이 생겨나도 마다하지 않고

□ 상대성을 벗어난 성인은 사물의 본질을 파악하며 함부로 시비분별하지 않는다.

萬物作焉 而不辭
만물작언 이불사

만물이 생겨나지만 가지려고 하지 않으며
□ 얻기 어려운 재화라고 욕심내지 않으며, 옥을 돌보다 귀하게 여기지
않는다.

生而不有
생이불유

도와주지만 거기에 기대지 않고
□ '도와줌'을 선행이 아니라 자연스런 행위로 여긴다.

爲而不恃
위이불시

공을 이루어도 거기에 연연하지 않는다.
□ 성인에게는 공과(功過)가 없다. 공을 공이라 하지 않으며 과를 과라
고 하지도 않는다.

功成而弗居
공성이불거

무릇 연연하지 않기에

夫唯弗居
부유불거

그 공이 사라지지 않는 것이다.

是以不去
시이불거

제3장
성인이 나라를 다스리면

(군주가) 현자를 우대하지 않으면

□ 군주는 백성 위에 군림하는 자가 아니라 백성을 받치고 있는 기둥이
자 뿌리다. 가지와 이파리격인 백성은 군주의 생각만으로도 영향을 받
는다.

不尙賢
불상현

백성들끼리 싸우는 일이 없어진다.

□ 현자도 같은 백성이니 그들을 우대하면 백성들이 서로 현자로 인정
받으려고 싸우게 된다는 것이다.

使民不爭
사민부쟁

(군주가) 얻기 어려운 재화를 귀하게 여기지 않으면

不貴難得之貨
불귀난득지화

백성이 도둑질을 하지 않게 된다.

使民不爲盜
사민불위도

(군주가) 욕심이 일어날 만한 것을 보지 않으면

不見可欲
불견가욕

백성의 마음을 어지럽히지 않게 된다.
□ 인간의 육신은 제각각이나 마음은 하나로 연결되어 있다. 만인의 생각은 한 사람의 생각에서 시작되고, 한 사람이 깨어나면 만인이 깨어나게 된다.

使民心不亂
사민심불란

이러한 까닭에 성인이 나라를 다스리면

是以聖人之治
시이성인지치

백성의 마음을 비우게 하고
□ 오직 마음 비움만이 자타를 온전하게 한다.

虛其心
허기심

○ 백성의 배를 실하게 하며
□ 신(神 = 생명)을 기르게 한다.

實其腹
실기복

백성의 뜻을 약하게 만들어
□ 배가 실하면 마음이 안정되어 불필요한 욕심을 가지지 않게 된다.

弱其志
약기지

백성의 기골을 건장하게 만든다.
□ 욕심과 집착은 정기(精氣)를 고갈시키니 뼈는 마르고 몸은 병든다.

強其骨
강기골

백성을 늘 무지무욕하게 하여
□ 백성을 무식자나 바보로 만든다는 뜻이 아니다. 여기서 무지란 영악
하지 않은 '순박함'이고 무욕은 욕심을 버리는 것이 '사는 길'임을 깨친
마음이다.
□ 무지무욕하면 참됨을 지켜서 순리로 살게 되니 병과 우환이 사라진다.

常使民無知無欲
상사민무지무욕

스스로 지혜롭다고 하는 자들이 함부로 날뛰지 못하게 한다.

使夫智者不敢爲也
사부지자불감위야

무위로써 행하면
□ 도와 하나 된 성인은 모두에게 무엇이 최상이며, 모두를 위해 무엇
이 우선되어야 하는지를 안다. 무위를 아는 자가 언제나 모두의 이익에

초점을 맞추는 것은 생각한 결과가 아니라 저절로 그렇게 되는 것이다.

爲無爲
위무위

다스려지지 않는 것이 없게 된다.

□ 의도하지 않아도 모든 일이 스스로 돌아간다.

則無不治
즉무불치

□ 참고: 사람들은 돈과 물질, 명예 등을 탐내는 것만이 욕심이라고 생각한다. 하지만 그러한 것들은 인지할 수 있는 욕심이다. 더 큰 욕심은 인지할 수 없는 마음의 산물들이다. 그러한 욕심은 본디 허(虛)인 '나(아상)'를 지키고자 하는 것으로서 자존심, 결벽증, 자신만이 옳음, 착함, 자기만의 정의(正義), 자기 합리화 등에 대한 집착을 버리려고 하지 않는 것이다.

제4장
도는 비어 있지만 가득 채워준다

도는 텅 비어 있지만 그 비어 있음을 쓰니

□ 도는 형상이 없고 텅 비어 있으나 그 비어 있음이 조화의 원천이다.

道沖而用之
도충이용지

아무것도 채워주지 못할 듯하다.

□ 하지만 도는 끝없이 채워 주고 또 채워 준다.

或不盈
혹불영

아득히 깊네, (도는) 아마도 만물의 조상인 듯하다.

淵兮 似萬物之宗
연혜 사만물지종

(도는) 예리함을 꺾고

□ 도는 모난 것과 사납고 독한 것을 거두어 준다.

挫其銳
좌기예

얽히고설킨 것을 풀어

□ 도가 임하면 혼란이 사라지고 완전한 질서가 생겨난다.

解其紛
해기분

(천지만물과) 조화하는 빛이어서

和其光
화기광

티끌 같은 세상과도 하나가 되지만

同其塵
동기진

그 맑음은 그대로인 듯하다.

湛兮 似或存
잠혜 사혹존

나는 도가 누구의 자식인 줄 알지 못하나
□ 나는 도가 생겨나온 곳을 알지 못한다.

吾不知誰之子
오부지수지자

상제님보다 앞서 존재한 듯하다.

象帝之先
상제지선

제5장
성인은 천지를 닮았다

천지는 자신의 큰 사랑을 겉으로 드러내지 않으나

天地不仁
천지불인

만물을 풀 강아지처럼 소중히 여긴다.

□ 추구(芻狗): 옛날 중국에서 제사지낼 때 모셨던 풀로 만든 개 모형.

以萬物爲芻狗
이만물위추구

성인 또한 자신의 큰 사랑을 겉으로 드러내지 않지만

聖人不仁
성인불인

백성을 풀 강아지처럼 소중히 여긴다.

以百姓爲芻狗
이백성위추구

하늘과 땅 사이에는

天地之間
천지지간

○ 풀무처럼 작동하는 것이 있다.
□ 풀무: 불을 피울 때 바람을 일으키는 기구

其猶橐籥乎
기유탁약호

○ 그것은 '없는 것' 같지만 그 무엇도 그것을 굴복시킬 수
없고, 그것이 움직이면 만물이 출현한다.
□ '없는 것' 같은 그것은 바로 도(道)다.

虛而不屈動而愈出
허이불굴동이유출

○ (그러나 위와 같은) 말을 많이 하면 자주 궁지에 몰리게
되니

□ 위와 같은 이야기를 하면 사람들이 알아듣지 못하니 이야기한 사람
이 곤란해질 뿐 아니라, 그런 게 어디 있냐고 항의하는 사람들 때문에
궁지에 몰리게 된다는 말씀이다.

多言數窮
다언삭궁

○ (그런 말은) 마음속에 두고 지키는 것만 못하다.

不如守中
불여수중

천지의 작용은 사랑이다

천지는 말이 없지만,
주는 것만 아는 큰 사랑이다.
인간은 천지가 생산한 것을 먹고 마시며
살아가기 위해 천지를 이용하지만
천지는 불평 한 마디 없이 그저 주기만 한다.
그런 천지이지만,
큰 비가 오거나 큰 눈이라도 내리면, 인간은
천지를 원망한다.
하지만 인간은 그럴 자격이 조금도 없다.
천지에게 준 것이라곤 아무것도 없고 오로지
받기만 하는 것이 인간이기 때문이다.

금세기에 들어와서 잦아진 지진과
계절을 잃은 폭우와 태풍, 토네이도와 같은
이상 기상현상들은 단순한 자연현상이 아니다.
그러한 기상이변들은 더욱 탐욕스러워진 인심과
우울한 세상을 반영하고 있지만,
인간들은 아랑곳하지 않고 생존경쟁과 투쟁을

멈출 줄 모른다.
그 이유는 자신들의 탐욕과 증오가 허공을 비틀고
자연을 할퀴고 있는 진실을 볼 수 없기 때문이다.

사람들은 기상이변을 두려워하고
그 일로 인명이 희생되기도 하지만
정도를 넘은 이상 자연현상들은
천지가 일으키는 정화작용에 지나지 않는다.
즉, 천지의 작은 몸부림은 인간의 상념이 비튼
허공과 자연을 원래로 되돌려놓기 위한
비상조치인 것이다.

하지만 기상이변을 피할 길이 없는 것은 아니다.
그 길은 오직 인간의식의 정화에 있고,
그 길만이 기상재난을 멈추게 할 수 있다.
의식의 정화란 삶에 찌든 마음을 씻는 것이다.
그 일은 도를 알고 지켜서 어두운 상념들이
자기 자신부터 파괴하는 이치를 깨닫고
시나브로 마음에서 비워내는 것이다.

의식을 정화하는 일은,
산불을 진화하고 물난리를 겪는 것보다는
훨씬 쉽지만, 그 효과는 우리의 상상을 넘어선다.

의식을 정화하면 무엇보다도 자신이 온전해진다.
자신이 온전하면 삶도 온전해질 뿐 아니라
세상이 고요해지고, 세상이 고요해지면
기상이변도 사라진다.
또한 의식의 정화는 천지의 큰 사랑에 보답하는
유일한 길이 된다.
인간의 '욕심 없는 마음'만이
천지를 편하게 해 줄 수 있기 때문이다.

제6장
현빈(玄牝)을 알면 죽지 않는다

○ 내 안의 신(神)을 기르면 죽지 않는다.

□ '하상공'은 사람이 오장신(五臟神)을 기르면 죽지 않는다고 했다.

谷神不死
곡신불사

○ 이것(신을 길러주는 것)을 일러 현묘한(현玄) 암컷(빈 牝)이라고 한다.

□ 현빈은 도의 다른 이름이며, 암컷은 낳고 길러주는 도의 성품이다. 도는 신(神 = 생명)을 낳고 길러준다.

是謂玄牝
시위현빈

○ '현빈'은 뭇 미묘한 작용이 오가는 문이며 천지가 생겨나 온 곳이다.

□ 참고: 제1장 중묘지문(衆妙之門), 현(玄)은 뭇 미묘한 작용이 오가는 문이다.

玄牝之門 是謂天地之根
현빈지문 시위천지지근

끊어질 듯하면서도 면면히 이어지니, (현빈은) 마치 살아
있는 무엇 같다.

綿綿若存
면면약존

현빈은 아무리 사용해도 다함이 없다.
□ 현빈을 사용함은 도를 끌어안는 것이다.

用之不勤
용지불근

신을 기르면 죽지 않는다

『노자도덕경 하상공장구』를 제외한 거의 모든 주해서, 번역
서들이 '곡신불사(谷神不死)'를 원저자(노자)의 뜻과 다르게
해석해 놓았다. 본문을 보면 거의 모두가 '계곡의 신 또는 텅
빈 신은 죽지 않는다.'라고 해석되어 있고 책마다 표현이 조금
씩 다를 뿐이지 위의 해석범위를 벗어나지 않는다.

하지만 '곡신불사(谷神不死)'를 잘못 해석하면 '시위현빈(是
謂玄牝)'의 해석 또한 빗나갈 수밖에 없다. 만약 그렇다고 한다
면 두 글의 빗나간 해석 때문에 성인이 알리고자 했던 장생불
사는 영영 어둠속에 묻혀버리고 만다.

노자시대의 사람들은 현대인들보다 신을 더 잘 알고 있었고
신의 불사(不死)는 상식에 지나지 않았다. 그러므로 당시대의
풍조를 고려할 때, 성인이 단지 신의 불사를 알리기 위해 신을
언급했다고 볼 수는 없는 것이다.

즉, 성인의 '곡신불사(谷神不死)'는 골짜기의 신을 말씀한 것
이 아니라 죽지 않는 길을 알려준 것이며, 그 길은 신(神)을 기
르는 것이라고 했다.

필자가 성인의 말씀을 글만 가지고 풀 수 없다고 한 이유는
달리 있지 않다. 옥편과 공맹시서를 죄다 섭렵한 대학자(大學

者)라도 자신을 진정 살리고 있는 존재와 조우(遭遇)해 본 적이 없으면 이런 문장은 해석이 불가능하기 때문이다.

『도덕경』에는 이런 종류의 문장이 하나 둘이 아니다.

제7장
천지는 자기만을 위해 살지 않는다

하늘과 땅은 영원하다.

天長地久
천장지구

하늘과 땅이 영원할 수 있는 것은 자기만 살겠다고 하지 않기 때문이다.

□ 하늘과 땅은 주고 베풀기만 할 뿐이다.

天地所以能長且久者 以其不自生
천지소이능장차구자 이기부자생

그래서 하늘과 땅이 영원할 수 있는 것이다.

故能長生
고능장생

이러한 까닭에, 성인은 자신의 몸을 뒤로 물리지만

是以聖人後其身
시이성인후기신

오히려 남보다 앞서게 되며

而身先
이신선

자신을 돌보지 않아도

外其身
외기신

오히려 자신을 보존하게 되니

而身存
이신존

그것은 성인에게 사사로움이 없기 때문이다.
□ 성인은 천지를 닮은 사람이다.

非以其無私邪
비이기무사야

(하지만) 그 때문에 성인은 오히려 사적(私的)인 일을 성취
할 수 있는 것이다.

□ 중생은 오직 자기개인을 위한 삶을 살지만 그 때문에 오히려 삶의
고뇌와 장애물이 많아진다. 성인은 모두를 위한 삶을 살지만 오히려 삶
의 고뇌와 장애물이 사라진다. 그래서 성인은 자기완성을 이룰 수 있는
것이다.

故能成其私
고능성기사

제8장
세상에서 가장 선한 것

최상의 선은 물과 같다.
□ 최상의 선은 도를 의미한다.

上善若水
상선약수

물은 만물을 이롭게 할 뿐, 다투지 않으며

水善利萬物而不爭
수선이만물이부쟁

사람들이 싫어하는 곳에도 머무른다.

處衆人之所惡
처중인지소오

그런 까닭에 물은 도에 가깝다.

故幾於道
고기어도

(그러므로 최상의 선 즉, 도를 지닌 자는)

땅처럼 낮아지기를 잘하고

居善地
거선지

마음씀씀이는 연못처럼 깊고

心善淵
심선연

주는 일은 자애롭게 하고

與善仁
여선인

말에는 믿음이 있으며

言善信
언선신

다스리는 일은 올바르게 하고

正善治
정선치

일을 할 때는 매우 유능하며

事善能
사선능

움직임은 때를 잘 맞춘다.

動善時
동선시

○ (그와 같은 사람은) 결코 다투지 않으니

夫唯不爭
부유부쟁

그런 까닭에 허물이 없는 것이다.

故無尤
고무우

제9장
지나친 것은 모자람만 못하다

이미 가지고 있는데 계속 채우는 것은 그만두느니만 못하고

持而盈之 不如其己
지이영지 불여기이

예리하게 만든 것을 더 예리하게 하면 길게 보존할 수 없다.
□ 칼날이 예리한데도 계속 갈면 마모되어 오래 쓸 수 없다.

揣而銳之 不可長保
췌이예지 불가장보

금과 옥이 마루에 가득하면 지킬 수 없고

金玉滿堂 莫之能守
금옥만당 막지능수

부귀를 지녔다고 교만하면 재앙을 자초하게 된다.

□ 구(咎): 허물, 재앙

富貴而驕 自遺其咎
부귀이교 자유기구

(그러므로) 공을 이루면 물러나는 것이 하늘의 도리를 아는
것이다.

□ 사람들은 나아갈 때와 물러날 때를 무시하다가 화를 당한다.

□ 하늘의 도리를 실천하면 그 누구보다도 자신이 온전해진다. 하늘의
도리는 '비움'이고 비움은 마음으로 움켜쥐지 않는 것이다. 우리는 비
움의 덕을 모르고 채우려고만 하기 때문에 죽는다.

功遂身退 天之道
공수신퇴 천지도

제10장
일(一)을 품으면 몸이 되살아난다

○ (내 마음에) 일(一)을 실으면 백(魄)을 다스리게 되니

□ 백(魄)은 육신을 말한다. 일(一)을 싣는 것은 도를 지키고 따르는 것이다.

載營魄
재영백

일(一)을 끌어안고 떨어지지 않을 수 있는가?

□ 일(一)은 도다. 도를 지키면 몸이 되살아나서 장생불사의 길이 열린다. '하상공'은 일(一)을 일기(一氣)라 했다.

抱一能無離乎
포일능무리호

○ 오직 일(一)만이 '부드러움'에 이르게 하니

□ 일(一)은 몸, 마음의 부드러움을 되돌려준다.

專氣致柔
전기치유

일(一)을 품어 안고 갓난아이 같이 될 수 있는가?

□ 갓난아이 같이 부드럽고 순수해질 수 있는가? 갓난아이는 생각할
줄 몰라도 천지가 보살핀다.

能如嬰兒乎
능여영아호

(몸, 마음을) 깨끗이 씻고 현묘한 일(一)을 받아들여

滌除玄覽
척제현람

허물없이 살 수 있는가?

能無疵乎
능무자호

백성을 아끼고 나라를 다스리는 일에

愛民治國
애민치국

얄팍한 꾀를 부리지 않을 수 있는가?

能無知乎
능무지호

천문을 열고 닫아서
□ 천문(天門)은 두정(頭頂)에 있는 백회다. 거기로 일(一)이 왕래하면 죽지 않는다.
천문이 닫히지 않은 갓난아이의 몸은 부드럽다. 갓난아이의 머리 중앙에는 맥이 들락날락하는 자리가 있다.
그곳이 천문(백회)이라고 불리는 혈(穴)자리다. 천문을 열고 닫는다 함은 맥이 들락날락하는 것을 말한다.
그러나 갓난아이가 자라나면 천문은 닫히기 시작한다. 성인(成人)이라도 갓난아이처럼 순수해지면 몸이 부드러워지고 천문이 다시 열리는데, 그러한 일은 일(一)이 몸에 임해야만 가능해진다.

天門開闔
천문개합

암컷처럼 될 수 있는가?
□ 암컷은 낳고 기르며, 부드러움과 온화함을 상징한다. 이는 도의 고유한 성품이다.

能爲雌乎
능위자호

걸림 없는 밝음과 순수함으로

明白四達
명백사달

모든 일을 무위로 행할 수 있는가?

能無爲乎
능무위호

(그러므로 도에 의해 나라를 다스리는 군주는 어머니처럼)
만물을 낳고 길러서

生之畜之
생지휵지

살게 하지만 소유하려 하지 않는다.

生而不有
생이불유

위하기만 하지 의지하지 않으며

爲而不恃
위이불시

장성하게 하지만 군림하지 않는다.

長而不宰
장이부재

이것을 일러 깊고 그윽한 도의 덕이라고 한다.
□ 현은 주기만 하는 도의 다른 이름이다. 현덕은 인간과 천지만물에
베풀어지는 도의 덕(큰 사랑)이다.

是謂玄德
시위현덕

장생불사

이 장의 포일(抱一)은
일(一)을 끌어안는 것이다.
끌어안음은 일(一)을 내 마음에 모시고
내 존재의 주체로 받드는 것이다.
그럴 때 일(一)의 조화로 나의 몸이 되살아난다.
성인은 몸이 되살아나는 것을 갓난아이와 같이
몸이 부드러워진다고 표현했다.

사람이 죽는 것은 몸이 굳어진 결과다.
몸이 굳어지는 것은 늙는 것이고,
기능의 쇠퇴 혹은 정지를 뜻한다.
하지만 몸은 스스로 늙고 병들지 않는다.

몸이 굳고 쇠락하는 참 원인은 물질이 아니라
시작도 끝도 마음에 있다.
원래 장생불사의 길은 따로 있는 것이 아니라
'마음의 평안'에 놓여 있다.
그보다 더 완전한 장생불사의 길은 없지만

쉴 새 없이 돌아가는 세상과 우리의 고달픈 삶은
마음의 휴식조차 허락하지 않는다.
성인이 포일(抱一)하라고 말씀한 것은
일(一) 외의 그 무엇으로도 '마음의 평안'이
불가능하기 때문이다.

몸을 굳어지게 하는 마음은
'움켜쥐는 마음' 즉, 욕심이다.
욕심은 나 자신에 대한 무지(無知)와
나의 인생에 대한 무지가 만들어 낸
살기 위한 반응이지만
마음이 움켜쥐는 것은 너무 많아서 셀 수가 없다.
게다가 그 마음은 '비움의 덕'을 알지 못하여
태초부터, '참'보다는 거짓을 '선'보다는 악을
'실(實)'보다는 허(虛)를 '삶'보다는 죽음을
움켜쥐어 왔다.

하지만 그 마음은 몸까지도 움켜쥐고는
몸이 비워야 할 것을 비우지 못하게 방해한다.
그 마음 때문에 몸은 활동이 둔화되어
마음이 뿜어내는 독기(毒氣)와 공해의 독과
음식과 약의 독성과 노폐물을 다 비우지 못한다.
비워지지 않은 독과 노폐물은 몸속에 축적되어

혈액을 탁하게 만들고 신경계를 손상시킨다.
그 과정이 반복되면 오장육부의 기능은 저하되고
뼈는 마르고 피부는 윤기를 잃고 쭈그러들며
살은 탄력을 잃는다.
관절은 삐걱거리고 동작은 굼뜨게 된다.
마음의 희생양이 된 몸은 원통하게도
병의 온상이 되어 종국에는 속절없이 무너진다.

병은 움켜쥔 것을 놓으라는 신호이지만
그 신호를 알아보는 사람도 없고
무엇을 놓아야 할지 아는 사람도 없다.

이 진실을 볼 수 없는 사람들은
몸이 병들고 죽는 원인을 항상 외부에서 찾는다.
내가 마음을 어떻게 먹고 사용하든지
내 마음이 무엇을 움켜쥐든지 상관없이
오직 좋은 약과 건강식품을 먹고
열심히 운동하면 몸이 건재할 거라고 믿는다.
거기에다 건강검진을 통해 병을 발견하기만 하면
죽지 않을 거라고 생각한다.
하지만 암의 조기발견이 오히려 죽음을 앞당긴다는
사실은 고려하지 않는다.
결론만 이야기하면

그 누구라도 마음이 무엇인지를 알려고 하지 않는 한,
건강도 치유도 없으며, 장생불사는 고사하고
온전한 노년조차 바랄 수 없다.

죽기가 너무나 억울하고 원통했던
진시황과 한무제는 불로초를 찾았지만
그 불로초는 식물이 아니라 일(一)이었던 것이다.
성인은 일(一)을 밝혀 놓으셨지만,
선택은 각자의 몫이다.
그렇다 하더라도 마음이 열린 사람은,
직접 창조한 자보다 더 완전하게 복원시킬
존재는 없다는 사실을 수긍할 것이다.

도는 우리를 항상 사는 길로 이끌어 준다.
그에게 대소(大小)와 난이(難易)는 존재하지 않는다.
장생불사는 도의 은택 중에서도 으뜸가는 공덕이며
성인이 알리고자 했던 도의 결정체다.

제11장
무(無)의 쓰임

서른 개의 바퀴살은 모두 한 개의 바퀴통에 연결되어 있고

三十輻共一轂
삼십복공일곡

그(바퀴통) 빈 곳에 수레의 쓰임새가 있다.
□ 바퀴통 속의 빈 공간(무無)에 의해 바퀴가 회전할 수 있다.

當其無有車之用
당기무유거지용

진흙을 빚어 그릇을 만들지만

埏埴以爲器
연식이위기

그릇의 쓰임은 그 빈 곳에 있다.

當其無有器之用
당기무유기지용

문과 창을 뚫어 방을 만드는데

鑿戶牖以爲室
착호유이위실

방의 쓰임은 그 빈 곳에 있다.

當其無有室之用
당기무유실지용

그런 까닭에 있음(유有)이 쓸모 있게 되는 것은

故有之以爲利
고유지이위리

없음(무無)을 쓰임으로 삼기 때문이다.
□ 도는 형체가 없지만 형체 가진 것을 쓸모 있게 하고 살아 있게 한다.

無之以爲用
무지이위용

제12장
성인은 자신의 길을 간다

오색(五色)은 사람의 눈을 멀게 하고

五色令人目盲
오색영인목맹

오음(五音)은 사람의 귀를 멀게 하며

五音令人耳聾
오음영인이농

오미(五味)는 사람의 입을 상하게 한다.
□ 감각적인 즐거움은 사물의 본질을 볼 수 없게 만든다.

五味令人口爽
오미영인구상

말을 달려 사냥하는 일은 사람의 마음을 미치게 만들며

馳騁畋獵令人心發狂
치빙전렵영인심발광

얻기 어려운 재화는 사람의 행실을 그르치게 한다.
□ 돈에 눈이 멀면 양심도 팔고 영혼도 팔게 된다. 하지만 양심을 속이고 모은 돈은 사고와 재난을 불러온다.

難得之貨令人行妨
난득지화영인행방

그런 까닭에 성인은 배를 위할 뿐,
□ 마음을 비우고 신(神 = 생명)을 기를 뿐

是以聖人爲腹
시이성인위복

눈을 위하지 않는다.
□ 세상의 덧없는 것들을 좇지 않는다.

不爲目
불위목

그러므로 성인은 저것(눈)을 버리고 이것(배)을 취한다.

□ 사람들은 성인처럼 살면 항상 잃고 뒤처지거나 은둔해야 된다고만 생각한다. 하지만 그것은 도를 몰라서 하는 이야기일 뿐이다. 우리의 삶에 그토록 방황과 고통이 많은 것은 성인의 삶을 살 수 없는 우리의 고질적인 '무지'와 무의식적인 '욕심' 때문이다.

故去彼取此
고거피취차

도의 장애물은 덧없는 것들을 좇는 마음이다

오색, 오음, 오미는 감각을 즐겁게 해 주고, 재화는 우리의 삶을 윤택하게 한다.

감각적인 즐거움과 재화는 사실 선도 악도 아니다. 하지만 그러한 것들로부터 생의 의미를 찾으려 한다거나 그것들이 생의 목표가 되면 문제가 생겨난다. 즉, 그것들을 가지기 위해 몸을 버리게 되고, 획득하지 못하면 생이 무의미해진다는 것이다.

만약 그렇게 된다면, 주객이 전도된 것이고 부려야 할 것들의 노예가 되어버린 것이니, 그 결과 인생은 덧없는 것들을 좇는 하루살이의 여정으로 변화하게 된다. 하루살이는 불빛을 좇다가 유화등(油火燈)에 빠져죽는다.

성인이 말씀하고자 한 바는 감각적인 즐거움과 재화를 무조건 멀리하라는 것이 아니다. 취하되 주인의 자리를 잃지 말아야 더 귀중한 것을 얻을 수 있다는 것이고, 더 귀중한 것이란 바로 나의 생명을 길러주는 도인 것이다.

제13장
'나'가 없으면 근심도 없다

○ (사람들은) 총애를 얻거나 굴욕을 당하면 깜짝 놀란 듯이 되고

寵辱若驚
총욕약경

○ 큰 근심을 마치 제 몸처럼 소중히 여긴다.
□ 근심을 버릴 수 없어 마음으로 붙들고 씨름한다.

貴大患若身
귀대환약신

○ 총애와 굴욕에 흠칫 놀란 듯한 것은 어째서인가?

何謂寵辱若驚
하위총욕약경

○ 총애는 윗사람이 아랫사람을 예뻐하는 것이니

□ 총애는 남을 밟고 올라 선 느낌을 갖게 한다.

寵爲下
총위하

○ 총애를 얻어도(내심 당황하거나 기뻐서) 놀라는 것 같고

得之若驚
득지약경

○ 잃어도(내심 섭섭하고 기가 차서) 놀라는 것 같다.

失之若驚
실지약경

○ 총애와 굴욕에 놀란 듯이 되는 것은 바로 그런 이유에서다.

是謂寵辱若驚
시위총욕약경

○ 사람들이 큰 근심을 마치 자기 몸처럼 소중히 여김은 어째서인가?

何謂貴大患若身
하위귀대환약신

○ 사람들이(근심을 자기 몸처럼 소중히 여길 정도로) 크게 근심하는 까닭은 지켜야 할 '나(아상我相)'가 있기 때문이다.

□ 이 문장에서 신(身)은 몸이 아니라 '나'라는 뜻이다. 공자의 살신성인(殺身成仁)은 인(仁)을 이루기 위해 목숨을 버린다는 뜻이 아니라 '나(아상我相)'를 죽여서 '인'을 이루는 것을 말한다.

吾所以有大患者 爲吾有身
오소이유대환자 위오유신

○ 나는 이미 '나' 없음을 깨달았으니 내게 무슨 근심이 있겠는가?

□ 지켜야 할 '나'가 없으면 근심도 없어진다.

及吾無身 吾有何患
급오무신 오유하환

○ 그러므로 (사람들이 '나'를 지키려고 애쓰는 것과 같이) 천하를 자기 몸처럼 소중히 여기는 사람이 있다면 그에게 천하를 맡길 수 있을 것이고

□ 소인과 대인의 차이는 그가 소중히 여기고 아끼는 대상이 무엇인지에 의해 드러난다.

故貴以身爲天下 若可寄天下
고귀이신위천하 약가기천하

○ 천하를 자기 몸처럼 아끼는 사람이 있다면 온 백성이 그에게 천하를 맡아달라고 할 것이다. (그러나 사람들이 자기 자신만을 아끼고 소중히 여기니 자기 한 몸조차 구제하기 어렵다.)

愛以身爲天下 若可託天下
애이신위천하 약가탁천하

성인은 '~척하라'고 가르치지 않았다

이 13장은 거의 모든 번역서가 같은 해석을 해놓았다. 이 장의 서두인 '총욕약경 귀대환약신(寵辱若驚 貴大患若身)'만 보더라도 모두가 '총애를 얻거나 굴욕을 당할 때 놀란 듯이 하라.' 혹은 '굴욕을 각별히 여기고 놀란 듯이 하라.' '큰 근심을 대하기를 마치 몸처럼 소중히 하라.'고 해석했다.

특히 이 구절은 이렇게도 저렇게도 해석할 수 있기 때문에 성인의 뜻(무지무욕)을 간과하면 옛 사람들이 해석한 그대로를 옮길 수밖에 없다.

하지만 위의 해석은 성인이 뜻한 바가 아니다. 그것은 무위를 강조한 성인이 누가 총애를 받거나 굴욕을 당할 경우 '~듯하라, ~척하라'고 가르치거나 근심을 붙들고 소중히 하라고 가르칠 수는 없기 때문이다.

그러므로 만약 성인이 위와 같은 처세술을 가르쳤다면 그 일은 그분에게도 모순된 일일 것이다.

왜냐하면 성인은 책 속에서 시종일관 무지무욕(無知無欲 = 꾸밈없고 순박하며 욕심이 없음)만을 강조했고 다른 말씀은 입에 담지도 않았기 때문이다. 성인은 단지 이 장을 빌어 사람들이 총애와 굴욕을 느끼는 이유와 근심에 빠지는 진짜 원인을 밝혔을 뿐이다.

만약 성인이 말씀을 덧붙였더라면 '총애를 기뻐할 것도 없고 굴욕을 슬퍼할 것도 없다. 근심에 빠지지 않으려면 근심을 부르는 일을 도모하지 말라.'고 했을 것이다.

『도덕경』이 처세술을 가르쳤다고 비난을 받았던 이유는 이미 옛 주석가들부터 성인의 말씀을 이해하지 못했기 때문이다.

제14장

일(一)은 형상 없는 형상

보려고 해도 보이지 않는 것을 이(夷)라 하고

視之不見名曰夷
시지불견명왈이

들으려 해도 들리지 않는 것을 희(希)라 하며

聽之不聞名曰希
청지불문명왈희

잡으려 해도 잡히지 않는 것을 미(微)라 한다.

搏之不得名曰微
박지부득명왈미

이 셋은 구체적으로 따져 물을 수 없으니
□ 셋은 각기 고유의 성질을 가지고 있지만 서로 떼어놓을 수 없다.

此三者不可致詰
차삼자불가치힐

그런 까닭에 이 셋이 어우러진 것을 그냥 일(一)이라고 한다.
□ 일(一)은 도의 다른 이름이다. 천지만물의 근본은 오직 하나이며,
'도 안에서 모든 것이 하나'란 의미다.

故混而爲一
고혼이위일

일(一)은 하늘 위에 있어도 밝지 않고

其上不皦
기상불교

땅 밑에 있어도 어둡지 않다.

其下不昧
기하불매

○ (천지만물과) 이어져 있지만, 이름 할 수 없고

繩繩兮 不可名
승승혜 불가명

물질로 화했다가 무물(물질 이전)로 되돌아간다.

復歸於無物
복귀어무물

이것(물질 이전)을 일러 형상 없는 형상이라 하고

是謂無狀之狀
시위무상지상

물질 이전의 형상이라 하며

無物之象
무물지상

이(물질 이전의 상태)를 일러 '홀황'하다고 한다.
□ 홀황은 깊고 아득하여 헤아릴 수도 없고, 가물가물 있는 듯 없는 듯
한 상태다.

是謂惚恍
시위홀황

일(一)은 맞이하려 해도 그 머리가 보이지 않고

迎之不見其首
영지불견기수

뒤를 따르려 해도 뒤가 보이지 않는다.

隨之不見其後
수지불견기후

그러나 옛 도를 잡아 지금의 것을 다스리면

執古之道 以御今之有
집고지도 이어금지유

태초의 시작을 알 수 있으니, 이것을 일러 도의 실마리를 풀었다고 한다.

能知古始 是謂道紀
능지고시 시위도기

제15장
도를 아는 자는 채우려 하지 않는다

옛날에 도를 잘한 선비는

□ 도를 하는 선비를 도사(道士)라 한다.

古之善爲士者
고지선위사자

그 뜻이 미묘할 뿐 아니라 하늘과 통하여

微妙玄通
미묘현통

내면의 깊이를 알 수 없었다.

深不可識
심불가식

무릇 그 깊이를 알 수 없는 까닭에, 그들의 모습을 어림짐작
으로나마 묘사해 보면

夫唯不可識 故强爲之容
부유불가식 고강위지용

○ 미리 살핌은 마치 겨울에 내를 건너듯 하고

豫兮 若冬涉川
예혜 약동섭천

○ 언행을 삼가기는 마치 사방의 이웃을 두려워하듯 한다.

猶兮 若畏四鄰
유혜 약외사린

항상 손님처럼 조용하고 엄숙하며

儼兮 其若客
엄혜 기약객

마음에 맺힌 데가 없음은 마치 봄날에 녹는 얼음과 같다.

渙兮 若冰之將釋
환혜 약빙지장석

꾸밈이 없음은 마치 가공되지 않은 통나무 같고

敦兮 其若樸
돈혜 기약박

관대하고 넓은 마음은 마치 텅 빈 계곡과 같으며

曠兮 其若谷
광혜 기약곡

'참(도)'과 하나 되어 있는 모습은 마치 흐리멍덩한 사람을
보는 듯하다.

混兮 其若濁
혼혜 기약탁

(하지만 그런 도인 외에) 누가 혼탁한 마음을 고요하고 맑
게 유지 할 수 있겠는가?

□ 오직 도를 지닌 사람만이 그것이 가능하다.

孰能濁以靜之徐淸
숙능탁이정지서청

누가 안정된 마음을 오래도록 유지하여 길이 살 수 있겠는가?

□ 평화로운 마음은 도의 은혜이며 장생불사의 묘약이다. 하지만 사람들은 마음의 번뇌로 인해 단, 1분도 고요히 있을 수 없다.

孰能安以久動之徐生
숙능안이구동지서생

이와 같은 도를 지닌 사람은 채우려 하지 않는다.

□ 채우려 하지 않아도 저절로 채워진다.

保此道者 不欲盈
보차도자 불욕영

무릇 오직 채우려 하지 않으니 자신을 드러내지 않을 수 있고 공명을 이루려 하지도 않는다.

□ 蔽(폐): 가릴, 덮을 '폐'

夫唯不盈 故能蔽不新成
부유불영 고능폐불신성

제16장
도를 아는 것이 밝음이다

'비움'이 지극함에 이르러

□ 도는 텅 비어 있다.

致虛極
치허극

'고요함'만 돈독할 뿐인데

守靜篤
수정독

거기(고요한 빔)에서 만물이 생겨나

萬物並作
만물병작

(거기로) 되돌아가는 것을 본다.

吾以觀復
오이관복

무릇 만물은 나뭇잎처럼 무성하다가

夫物芸芸
부물운운

제각기 (자신이 나온) 근원으로 돌아간다.

各復歸其根
각복귀기근

근원으로 돌아가면 고요해지니

歸根曰靜
귀근왈정

그 '고요함' 속에서 생명(命)을 회복한다.
□ 생명을 거듭 회복할 수 있으면 죽지 않는다.

是謂復命
시위복명

생명을 회복시킴은 도가 늘 행하는 것이니

□ 이 문장에서 상(常)은 '도가 늘 행하는 것'을 뜻한다.

復命曰常
복명왈상

상(常)을 알면 지혜가 밝아지지만

□ 밝음이란 '도가 늘 행하는 것'을 아는 것이다.

知常曰明
지상왈명

상을 알지 못하면 사리에 맞지 않은 행위를 하거나 일을 꾸미다가 흉화를 부르게 된다.

□ 상을 알지 못하고 함부로 움직이고, 교묘하게 속이면 신명을 잃어 흉하게 된다. -하상공-

不知常 妄作凶
부지상 망작흉

상을 알면 포용적이 되고

知常容
지상용

포용적이 되면 공정해진다.
□ 상을 알면 사사로움이 없어진다.

容乃公
용내공

공정해지면 왕이 되고

公乃王
공내왕

왕이 되면 하늘과 통하며

王乃天
왕내천

하늘과 통하면 도와 하나가 되고

天乃道
천내도

도와 하나가 되면 오래 살 수 있으며

□ 도는 영원하다. 사람이 도와 하나가 되면 영원의 본성이 되살아나게
된다.

道乃久
도내구

몸이 다할 때까지 위태롭지 않다.

沒身不殆
몰신불태

수정독 치허극

도는 근원의 길이며
만법의 출처이자 귀일처(歸一處)다.
도는 빔과 고요함이 자신이다.
고요함은 고요한 것을 반기고
빔은 빈 것을 반가워한다.

빔과 고요함은
도와 함께하는 길이다.
도와 함께하기 위한
다른 법은 존재하지 않는다.

도는 호흡에 있지 않고
호흡이 도 안에 있으며
도는 참선에 있지 않고
참선이 도 안에 있으니
만법은 도 자체가 아닌
도와 하나 되기 위한
방편일 뿐이다.

비워서 고요해짐은
방편을 통해서가 아니라
도의 빛으로써만 가능하다.
그 빛만이 나를 비우게 하고
고요하게 하여
나를 그에게로 돌아가게 한다.

그 빛은 도와주고 싶어도
의심하는 마음에는 임할 수 없고
그 빛을 껴안을 수 있는
순진무구한 마음을 찾아간다.

순진무구한 마음은 오직
도를 내 삶의 참 원리로 받들고
소아(小我)를 버려
도와 하나가 되겠다는 마음이다.

그 마음만이 법이며
그 외의 법은 먼 길이고
둘러가는 길이다.
한 평생을 가도 못가는 길이다.

제17장
백성들은 임금의 공덕을 모른다

가장 훌륭한 임금은, 백성이 그가 있다는 것만 알고

太上 下知有之
태상 하지유지

그 다음은, 백성이 친밀감을 느끼고 찬양하는 임금이며

其次 親而譽之
기차 친이예지

그 다음은, 백성이 두려워하는 임금이며

其次 畏之
기차 외지

가장 좋지 못한 임금은, 백성이 업신여기는 임금이다.

其次 侮之
기차 모지

○ (그러니, 임금이 말을 어기고) 신용이 부족하면

信不足焉
신부족언

○ 어찌 백성이 임금을 신뢰할 수 있겠는가?

有不信焉
유불신언

(훌륭한 임금은) 생각이 깊어 말을 아끼고 함부로 하지 않
으니

悠兮 其貴言
유혜 기귀언

백성을 위한 일을 성심껏 수행하여 살기 좋은 세상을 만들
어도 (그 공을 드러내지 않으니)

功成事遂
공성사수

백성들은 모두 자기들이 스스로 세상을 좋게 만들었다고
말한다.

□ 사람들은 말로 표현하지 않으면 알지 못하니, 백성들이 임금의 공덕
은 모르고 순전히 자신들의 덕으로 세상이 잘 돌아가는 줄 안다.

百姓皆謂我自然
백성개위아자연

제18장
어떤 일도 우연은 없다

대도가 버려지자 인의(仁義)가 생겨났고

大道廢 有仁義
대도폐 유인의

지혜(지모, 지략)가 번성한 즉, 큰 위선이 생겨났으며

智慧出 有大僞
지혜출 유대위

육친이 불화하게 되자 효도니 자애니 하는 것이 생겨났고
□ 六親(육친): 부모, 형제, 처자

六親不和 有孝慈
육친불화 유효자

나라가 혼란해지자 충신이 생겨났다.

國家昏亂 有忠臣
국가혼란 유충신

□ 참고: 이 장(章)은 유교를 비난했다고 유생들이 야단법석을 피운 원인을 제공했지만, 이 장의 말씀은 단지 인과(因果)를 나타낸 것이며, 사실을 있는 그대로 언급한 것에 지나지 않는다.

제19장
윗물이 맑아야 아랫물도 맑다

임금(통치자)이 성스러움을 끊고 지모를 버리면
□ 성스러운 척 꾸미기를 그만두면

絶聖棄智
절성기지

백성을 백 배 이롭게 할 것이다.

民利百倍
민리백배

(입으로만 하는) 인을 끊고 의를 버리면

絶仁棄義
절인기의

백성들은 효성과 자애를 회복하게 될 것이다.

民復孝慈
민복효자

교묘한 꾀와 속임수를 끊고 이익을 버리면

絶巧棄利
절교기리

도적이 사라지게 될 것이다.

盜賊無有
도적무유

위의 세 가지(지智, 인仁, 의義)는

此三者
차삼자

○ 글을 가지고 익히는 것이니 (임금 자신을 교화하기에)
부족하다.

以爲文不足
이위문부족

그런 까닭에 아래에 속하는 바를 더해야 할 것이다.
□ 임금(통치자)이 백성을 교화하고자 한다면 자신부터 문식(文飾)을
버리고 인간본연의 순박함으로 돌아가야 한다. 그렇게 하면 백성은 따
로 가르치지 않아도 올바르게 된다.

故令有所屬
고영유소속

즉, 몸소 검소함을 보이고 박(樸=도)을 끌어안아서

見素抱樸
견소포박

○ 사사로움과 욕심을 버려야 할 것이다.
□ 이 문장에서 소(少)와 과(寡)는 '없다'는 뜻이다.

少私寡欲
소사과욕

나무와 열매는 하나다

성경에는 '열매를 보아 나무를 안다.'는 예수님의 말씀이 있다. 이 말씀의 의미는 나무(원인)와 열매(결과)는 하나라는 것이다. 이 원리는 인간사에도 그대로 적용된다.

정신과 육체, 사고와 언행, 상념과 환경, 어버이와 자식, 군주와 백성 등은 나무와 열매이자 원인, 결과의 관계에 있기 때문이다. 노자는 이러한 이치에 정통한 분이었다.

그분은 군주(나무)의 위선과 탐욕이 백성(열매)의 불효와 도둑질로 나타나는 것을 보았고 군주가 변화하지 않는 한, 백성이 변화되지 않는다는 사실을 알고 있었다.

그런 까닭에 그분은 '백성을 교화하려면 군주가 교화되어야 한다.'고 말하지 않을 수 없었고 어느 누구보다도 왕과 제후가 욕심과 사사로움을 버리기를 바랐다. 왕과 제후의 행실이 올바르면 백성은 저절로 그들을 본받게 되기 때문이다.

이러한 원리를 모르는 사람들은 자신의 위선과 탐욕을 세상이 알 리가 없다고 생각하지만 그것은 말 그대로 생각일 뿐이다. 나무와 열매는 하나이니 인간은 자신을 은폐할 수 없고 자신의 허물을 숨길 수도 없다.

제20장
실존을 깨친 자의 고독

학문을 끊으면

□ 학문은 시비분별과 욕망을 부추긴다.

□ 삶을 이끄는 것은 학교에서 배운 것이 아니다.

絶學
절학

근심이 사라질 것이다.

□ 아는 것이 많으면 근심도 많아진다.

無憂
무우

○ 공손한 대답과 '아첨하는 것'의 차이는 얼마가 될까?

唯之與阿 相去幾何
유지여아 상거기하

선과 악의 차이는 무엇이며 얼마가 될까?

□ 사람들은 자신에게 이익이 되면 선이라 하고 손해가 되면 악이라 하니 선악의 구분이 무슨 의미가 있겠느냐는 뜻이다.

善之與惡 相去若何
선지여악 상거약하

○ 사람들은 이런 말을 하는 나에게 이질감을 느끼지만

□ 이 문장에서 '외(畏)'는 두려워하거나 꺼려한다는 뜻이 아니라 '거리감 또는 이질감을 느낀다.'는 의미다.
□ 성인과 중생의 차이는 사고(思考)에 있고, 사고의 차원이 다름으로써 불가피한 이질감이 존재하게 된다.

人之所畏
인지소외

○ 나 또한 사람들에게 이질감을 느끼지 않을 수 없으니

□ 나는 사람들의 마음을 알지만 사람들은 내 마음을 알 수 없고, 도를 이야기하면 알아듣지 못하니 피차 관계의 어려움을 면하기 어렵다.

不可不畏
불가불외

○ 황량하게도, 나는 사람들 속에 있지 않은 것 같다.
□ 사람들과의 그런 관계는 끝나지 않을 것 같다.

荒兮 其未央哉
황혜 기미앙재

사람들은 매우 즐거워하고 기뻐하며

衆人熙熙
중인희희

마치 소를 잡아서 큰 잔치를 벌인 듯하고

如享太牢
여향태뢰

화창한 봄날의 누각에 오른 듯이 살아가는데
□ 사람들은 자신의 일 외엔 심각한 것도 없고, 세상이 돌아가는 방식
에 대해 아무런 의문, 의심을 갖지 않는다.

如春登臺
여춘등대

나만 홀로 담담하다.

我獨泊兮
아독박혜

(내겐) 그런 삶을 바라는 마음은 낌새조차도 없으니

其未兆
기미조

아직 웃지도 못하는 갓난아이와 같다.

如嬰兒之未孩
여영아지미해

고달프네, 마치 돌아갈 곳이 없는 사람처럼
□ 도와 하나 된 성인은 세상 어디에도 머물 곳이나 의지할 무엇이 없
음을 나타낸 말이다.

儽儽兮 若無所歸
래래혜 약무소귀

사람들은 모두 더불어 살아가는데

衆人皆有餘
중인개유여

나만 홀로 남겨진 것 같네.

而我獨若遺
이아독약유

나는 어리석은 사람의 마음을 지녔는지
□ 세상 사람들과 함께 행위하지 못하고 일(一)만 굳게 지키니 마치 우
둔한 사람의 마음과 같다.   -하상공-

我愚人之心也哉
아우인지심야재

우둔하고 우매하네.

沌沌兮
돈돈혜

사람들은 다 세상일에 환한데

俗人昭昭
속인소소

나만 홀로 어둡고 희미하네.

我獨昏昏
아독혼혼

사람들은 재빠르고 분명하지만

俗人察察
속인찰찰

나만 홀로 흐리멍덩하네.
□ 자르고 나누는 것이 없다. －하상공－

我獨悶悶
아독민민

(하지만 나는) 고요하네, 마치 잔잔한 바다처럼

澹兮 其若海
담혜 기약해

부는 바람과도 같네, 어디에도 머물지(매이지) 않으니

飂兮 若無止
료혜 약무지

사람들은 모두 할 일이 있고 유능한데

衆人皆有以
중인개유이

나만 홀로 완고하고
□ 일(一)만 지킨다.

而我獨頑
이아독완

무능한 것 같네.

似鄙
사비

(그렇지만) 나만 홀로 남들과 다르게

我獨異於人
아독이어인

나를 먹여주시는 어머니(도)를 귀하게 받든다.
□ 어머니(도)가 먹여주시는 것은 '생명'이다.
□ 食(식, 사): 먹을, 밥 '식', 먹일 '사'

而貴食母
이귀사모

제21장

도는 천지만물의 근본이며 시작이다

큰 덕의 움직임은

孔德之容
공덕지용

오직 '도' 그것만을 따른다.

惟道是從
유도시종

도라고 하는 물건은 오직 황홀하기만 하여

□ 황홀(恍惚): 미묘하여 헤아리기 어려움

道之爲物 惟恍惟惚
도지위물 유황유홀

있는 듯 없는 듯한 그 속에 만물이 들어 있고

□ 만물의 원질(原質)이 그 안에 있고

恍兮惚兮 其中有物
황혜홀혜 기중유물

없는 듯 있는 듯한 그 속에 만물의 형상이 있으며

□ 만물의 원형(原形)이 그 안에 있으며

惚兮恍兮 其中有象
홀혜황혜 기중유상

깊고 그윽하게 어두운 그 속에 정(精)이 있다.

□ 정(精): 형상의 구체화, 물질화에 관여하는 기운이며 우리 몸의 생
명활동을 주관하고 진액을 생산한다.

窈兮冥兮 其中有精
요혜명혜 기중유정

정(精)은 매우 참되니

其精甚眞
기정심진

그 속에는 믿음(어김없는 작용)이 있다.

其中有信
기중유신

옛날부터 지금까지 그 이름(도)은 사라진 적이 없으니

自古及今 其名不去
자고급금 기명불거

그 이름으로 살펴야 하는 것은 '뭇 시작(천지만물의 시작)'이다.

以閱衆甫
이열중보

내 무엇으로 뭇 시작이 그러한 줄 아는가?

吾何以知衆甫之然哉
오하이지중보지연재

바로 '지금'에 의해서다.
□ 도는 언제나 '지금 이 순간'이며 영원한 현재(現在)다.

以此
이차

덕(德)

도와 덕은 따로 존재하지 않는다.
덕은 인간과 천지만물에 베풀어지는
도의 큰 사랑이다.
그 사랑은 너무 커서
보이지도 않고 들리지도 않으나
변함이 없고 무조건적이다.

도는 받는 것이 아무것도 없고
오직 주고 베푸는 것만 있으나
내가 덕이 없다고 한탄하지 않으며
내가 주었다고 하지도 않으며
몰라준다고 섭섭해하지 않는다.
성인은 이러한 도의 덕을, 큰 덕이라 했고
최상의 덕이라 했다.

인간은 받기만을 원하며, 적게 주고
많이 얻는 것을 능사로 여긴다.
하지만 주지 않으면 받을 수 없고

준 것만큼 돌려받는 것이 인생이다.

그뿐만이 아니다. 인간은 내가 주었다고 하며

'너는 갚아야 한다.'는 식으로 대가를 기대한다.

받은 은혜는 아무리 크고 많아도 쉽게 잊고

쌀 한 톨도 준 것은 낱낱이 기억한다.

하지만 그것은 정말 잘못 하고 있는 것이다.

주는 것은 사실 그 누구도 아닌

자기 자신을 위한 일이기 때문이다.

그러므로 준다고 말하지 말고,

나를 위해 덕을 쌓는다고 말해야 한다.

어디에도 받아줄 곳이 없으면,

나의 덕은 길러지지 않는다. 덕은 곧 생명이니,

나의 것을 받아주는 이는 나의 덕을 길러주는 자이며

내게 생명을 주는 자인 것이다.

그러므로 내 것을 받아주는 이에게 감사해야 하며,

줄 곳이 있음에 감사해야 한다.

주는 것이 받는 것이고 받는 것이 곧 주는 것임은

이를 두고 한 말이다.

□ 참고: 무주상보시(無住相布施)

무주상보시는 『금강경』 제4장 '묘행무주분'의 내용을 함축한 불교용어다. 무주상보시란 달빛이 흔적을 남기지 않듯이 베푼다는 마음조차 일으키지 않는 보시를 말한다.

그것은 본래 법성이 공(空)한데, 그 무엇도 내 것이라는 생각을 내지 않는 행이며 베푼 것을 기억하지 않는 행이다. 그러나 공덕을 바라고 보시를 했다면 그것은 거래를 한 것이며, 바라는 게 있다면 그 자체로서 번뇌가 되고 보시의 공덕도 사라진다.

제22장
나를 비우면 온전해진다

굽히면 온전해지고

□ 나를 비워서 도를 채우면 온전해진다.

曲則全
곡즉전

휘어지면 곧아지며

□ 자신을 구부리고 남을 펴주면 서서히 자기 자신이 저절로 곧아지게
된다. -하상공-

枉則直
왕즉직

우묵하면 채워지고

□ 땅의 움푹 파인 곳으로 물이 몰려오며, 사람이 자신을 겸손하게 낮
추면 덕이 몰려온다. -하상공-

窪則盈
와즉영

낡고 해어지면 새로워지게 되며

□ 스스로 낡음과 얇음을 받아들이고 자신을 뒤로 하고 남을 앞세우면, 천하 사람들이 공경하여 서서히 저절로 새롭게 된다.   -하상공-

敝則新
폐즉신

적으면 얻게 되고

□ 스스로 적음을 받아들이면 많은 것을 얻게 된다. 하늘은 겸손한 자를 돕고 귀신은 비우는 자를 채워준다. -하상공-

少則得
소즉득

많으면 미혹된다.

□ 재산이 많으면 지키고 불리는 일에 미혹되고, 아는 것이 많으면 지식에 미혹된다.

多則惑
다즉혹

이러한 이치를 깨달은 성인은 오직 일(一)을 끌어안고 천하
의 본보기가 된다.
□ 일(一)이 없으면 아래의 덕을 실천하기가 쉽지 않다.

是以聖人抱一爲天下式
시이성인포일위천하식

자신을 드러내지 않기에 더 빛이 나게 되고

不自見故明
부자현고명

자신이 옳다 하지 않기에 옳음이 드러나며

不自是故彰
부자시고창

자신을 내세우지 않기에 공이 있게 되고

不自伐故有功
부자벌고유공

스스로 잘났다고 하지 않기에 어른으로 받들리게 된다.

□ 성인에게 위대한 것은 자신이 아니라 영원한 일(一 = 도)이다.

不自矜故長
부자긍고장

무릇 오직 다투지 않기에 천하가 그와 더불어 다툴 수 없으니

夫唯不爭 故天下莫能與之爭
부유부쟁 고천하막능여지쟁

옛 사람들이 '굽히면 온전해진다.'고 한 말이 어찌 빈 말이
겠는가?

古之所謂曲則全者 豈虛言哉
고지소위곡즉전자 기허언재

(그렇게만 하면) 진실로 온전해져서 근원으로 복귀하게 된다.

□ '나'를 버리고 마음을 비우면 도와 하나가 된다.

誠全而歸之
성전이귀지

제23장
도를 섬기고 따르면 도와 하나가 된다

말을 잘 안 하는 것이 자연이다.

希言自然
희언자연

그런 까닭에 회오리바람은 아침나절을 넘기지 못하고 소낙
비도 한나절을 넘기지 못한다.

故飄風不終朝 驟雨不終日
고표풍부종조 취우부종일

누가 그런 일을 하는가? 천지가 한다.

孰爲此者 天地
숙위차자 천지

천지도 오히려 그런 (부자연스러운) 일을 오래 할 수 없거늘

天地尙不能久
천지상불능구

하물며 사람의 일이야 말할 것이 있겠는가?

而況於人乎
이황어인호

그러므로 도를 섬기고 따르는 사람은
□ 도는 억지로 하거나 무리하는 일이 없고 항상 저절로 그러함을 따른다.

故從事於道者
고종사어도자

도와 하나가 되고

同於道
동어도

덕을 섬기고 따르는 사람은 덕과 하나가 되며

德者 同於德
덕자 동어덕

(도와 덕을) 잃은 사람은 '잃음'과 하나가 된다.
□ '잃음'이란 만사가 되는 일이 없다는 뜻이다.

失者 同於失
실자 동어실

도와 하나 된 사람은, 도 역시 그를 얻었음을 기뻐하고

同於道者 道亦樂得之
동어도자 도역락득지

덕과 하나 된 사람은, 덕 또한 그를 얻었음을 기뻐하며

同於德者 德亦樂得之
동어덕자 덕역락득지

'잃음'과 하나 된 사람은, '잃음' 또한 그를 얻었음을 기뻐한다.

同於失者 失亦樂得之
동어실자 실역락득지

○ (잃음과 하나 된 사람은) 믿음이 없는 것이니 (그런 사람에게) 불신인들 있겠는가?

信不足焉 有不信焉
신부족언 유불신언

제24장
도가 아닌 것은 오래가지 못 한다

발끝으로 디딘 자는 서 있을 수 없고

企者不立
기자불립

다리를 한껏 벌리고 걷는 자는 갈 수 없다.

跨者不行
과자불행

자신을 드러내는 자는 빛이 나지 않고

自見者不明
자현자불명

자기만 옳다고 하는 자는 드러나지 못하며

自是者不彰
자시자불창

자기자랑을 하는 자는 공이 없어지고

自伐者無功
자벌자무공

자신이 잘났다고 여기는 자는 어른으로 받들리지 못한다.

自矜者不長
자긍자불장

만약 도에 그런 것들이 있다면, 도는 먹다 남은 음식 같고
거절당한 방문 같은 것이어서

其在道也 曰餘食贅行
기재도야 왈여식췌행

만물의 미움을 살 것이다.

物或惡之
물혹오지

그러므로 도를 지닌 자는 그런 처신을 하지 않는다.

故有道者不處
고유도자불처

우월감은 행복이 아니다

행복은 비교 속에 존재하지 않는다.
우월감은 행복이 아닌 불행의 시초이고
허세는 나락의 기초다.
특별함은 다만, 다르다는 것이며
우월함의 의미도 증거도 아니다.

행복은 존재의 온전함에 있고
조건 속에는 존재하지 않는다.
소유에서 행복을 구하는 자는
술로 목마름을 달래려는 것과 같고
인연에서 행복을 구하는 자는
불을 손으로 잡으려는 것과 같다.

행복은 미래 속에 존재하지 않는다.
미래에서 행복을 구하는 자는
잔칫집에 가려고 사흘을 굶는 것이니
행복은 영원한 미래에 있을 뿐이다.

세상의 꿈에는 결코 행복이 존재하지 않는다.
행복은 그 꿈에서 깨어나야 만날 수 있고
내가 나로서 존재할 때
매순간 임하여 있음을 알게 된다.

제25장
도만이 스스로 존재한다

혼돈을 이루고 있는 '그 무엇'은 천지보다 앞서 생겨났다.

□ 혼돈(混沌): 태초에 하늘과 땅이 출현하기 이전의 상태, 또는 물질과 비물질로 갈라지기 이전의 상태.

有物混成 先天地生
유물혼성 선천지생

그 무엇은 소리도 형체도 없고, 홀로 우뚝 서 있어 변함이 없지만

□ '그 무엇'은 어디에도 있으나 어디에도 속하지 않는다.

寂兮寥兮 獨立而不改
적혜료혜 독립이불개

천지를 두루 다녀도 위태로움에 빠지지 않으니

周行而不殆
주행이불태

능히 만물의 어머니가 될 수 있다.

可以爲天下母
가이위천하모

나는 그 이름을 알지 못하니, 자(字)를 지어 '도'라 부르고

吾不知其名 字之曰道
오부지기명 자지왈도

억지로 이름을 붙여 '큼'이라고 한다.

强爲之名曰大
강위지명왈대

'큼'은 끝없이 펼쳐진 것이고

大曰逝
대왈서

끝없이 펼쳐짐은 끝없이 멀리 가는 것이지만

逝曰遠
서왈원

아무리 멀리 가도 본래의 자리로 돌아온다.

□ '돌아옴'과 '돌아감'은 도의 영원한 움직임이다.

遠曰反
원왈반

○ 그런 까닭에 도가 제일 크고, 그 다음으로 하늘이 크고,
그 다음이 땅이지만 왕(사람) 또한 크다.

故道大 天大 地大 王亦大
고도대 천대 지대 왕역대

(이와 같이) 우주에는 네 가지 큰 것이 있으니, 왕(사람)이
그 중 하나를 차지한다.

域中有四大 而王居其一焉
역중유사대 이왕거기일언

사람의 법은 땅을 근본으로 삼고

□ 사람의 법도는 만물을 기르고 자라나게 하며, 만물의 토대가 되어주
는 땅을 본받은 것이다.

人法地
인법지

땅의 법은 하늘을 근본으로 삼으며

□ 땅의 법도는 말없이 덮어주고 감싸 안아서 보살피는 하늘을 본받은 것이다.

地法天
지법천

하늘의 법은 도를 근본으로 삼지만

□ 하늘의 법도는 주어도 준 적이 없고 베풀어도 베푼 흔적도 없이 늘 비어 있는 도를 본받은 것이다.

天法道
천법도

도의 법은 '저절로 그러함'을 근본으로 삼는다.

道法自然
도법자연

제26장
무거움은 가벼움의 뿌리다

무거운 것은 가벼운 것의 뿌리이고
□ 무거운 것은 가라앉고 가벼운 것은 위로 떠오른다.

重爲輕根
중위경근

고요함은 조급함의 군주다.
□ 고요함은 조급함을 다스린다.

靜爲躁君
정위조군

그러하므로, 성인은 온종일 다녀도 '고요함'과 '무거움'을
떠나지 않으며

是以聖人終日行 不離輜重
시이성인종일행 불리치중

비록 호화로운 볼거리가 있어도 한가로이 머물며 초연함을
잃지 않는다.

雖有榮觀 燕處超然
수유영관 연처초연

(그러한즉) 어찌 만승천자가

□ 만승천자: 만대의 전차를 가진 왕, 군주

奈何萬乘之主
내하만승지주

천하를 경영함에 처신을 가볍게 할 수 있겠는가?

而以身輕天下
이이신경천하

처신이 경솔하면 자신의 근본을 잃게 되고

□ 군주의 자리가 흔들리게 되고

輕則失本
경즉실본

조급하면 군주의 지위를 잃게 된다.

躁則失君
조즉실군

제27장
도의 행(行)만이 참된 선(善)이다

○ 도가 다니는 길은 바퀴자국이 남지 않고

□ 이 장의 선(善)은 악의 상대적인 의미로서의 선이 아닌 절대의 선을 말한다. 절대의 선이란 도를 의미함과 동시에 늘 주고 베풀지만 주고 베푼 흔적이 조금도 남지 않는 도의 행, 도의 덕이다.

□ 사람에게는 '나' 없이 베푼 선행, 조건 없는 선행, 애행이 도의 행에 속한다. 도의 행에 입각한 선행은 주고 베풀되 기억하지 않는 것이며, 그러한 선행은 내 마음에 흔적을 남기지 않아서 오롯이 덕이 된다. 내 마음에 주고 베푼 기억이 있는 선행은 덕으로 화(化)하지 않는다.

善行 無轍跡
선행 무철적

○ 도와 하나 된 말은 허물이 없으니 (말을 잘못하여) 귀양 갈 일이 없다.

善言 無瑕謫
선언 무하적

○ 도에 의한 셈은 산가지를 사용하지 않으며

□ 도에 의해 일을 잘 헤아리는 사람은 굳게 '일(一)'만 지킬 뿐이다.
-하상공-

善數 不用籌策
선수 불용주책

○ 도에 의해 닫힌 것은 빗장을 걸지 않았어도 열 수가 없고

□ 사람이 도와 하나가 되면 억천만금을 준다 해도 그것을 도와 바꾸지
않는다. 그 결과 자신에게 가장 소중한 목숨을 기르게 된다.

善閉 無關楗而不可開
선폐 무관건이불가개

○ 도에 의해 묶인 것은 끈으로 묶은 것이 아니어서 풀 수
가 없다.

□ 도와 하나 된 사람은 스스로 도를 떠날 수 없고 그 무엇도 그 사람을
도와 분리시킬 수 없다. 도를 아는 자에게 가장 두려운 일은 도를 떠나
는 것이다. (참고: 53장)

善結 無繩約而不可解
선결 무승약이불가해

이 때문에 성인은 도(상선常善)로써 사람을 구제하니
□ 성인은 이미 존재 자체가 선을 베풀고 있는 것이다.

是以聖人常善救人
시이성인상선구인

버려지는 사람이 없고
□ 빈부귀천을 구분하지 않는다.

故無棄人
고무기인

도로써 사물을 구제하니

常善救物
상선구물

버려지는 사물이 없다.
□ 진주를 돌보다 귀하게 여기지 않는다.

故無棄物
고무기물

(이와 같은 성인의 행은 도에 의한 행이니) 이것을 일러 '드러나지 않는 밝음'이라 한다.

是謂襲明
시위습명

그런 까닭에 선인(도를 아는 자)은 불선인(도를 모르는 자)의 스승이 되며

故善人者 不善人之師
고선인자 불선인지사

불선인은 선인의 제자가 된다.

不善人者 善人之資
불선인자 선인지자

하지만 스승을 귀하게 여기지 않는 제자와

不貴其師
불귀기사

제자를 아끼지 않는 스승은

不愛其資
불애기자

비록 지혜롭다 할지라도 크게 미혹된 사람일 뿐이다.

雖智大迷
수지대미

이것은 (듣고 흘려버릴 것이 아니라) 꼭 알아두어야 할 오
묘한 이치다.

是謂要妙
시위요묘

참된 스승

참된 스승은 보통 사람과 같다.
그의 외모나 사는 모습도 우리와 별반 다르지 않다.

그는 말씀뿐 아니라 무언의 행으로 가르친다.
그는 우리의 마음에서 허물을 보지 않으나
우리의 마음은 그에게서 허물을 찾는다.
그의 말씀은 우리의 마음이 열린 만큼 들려오고
그의 자애로움과 큰 덕은
우리의 아상이 사라졌을 때 인식하게 된다.

그가 가리키는 길은 언제나 세상의 길이 아닌
'진정 사는 길'이지만,
우리는 그 말씀을 들어야 하는 이유도 모르고
자신을 돌아보지도 않는다.

그는 모든 것을 담고 있는 자신을 알며,
모두와 모든 것이 하나임을 본다.
그는 태어난 적도 없고 죽은 적도 없는

자신을 알며 영육이 하나임을 본다.

그는 원인, 결과가 하나임을 알며
바른 원인이 곧 바른 결과라고 말한다.
그는 우리에게 항상 자신을 알라고 하며
그것만이 불행, 비극을 끝낼 수 있다고 일러준다.

그는 우리의 영원한 집을 알려주어
생의 덧없는 꿈에서 깨어나게 하며
길이 우리의 존재 안에 있음을 가르쳐
생의 방황을 멈추게 한다.

그의 모든 말씀은,
나의 업장을 상쇄시키는 생명이고 빛이지만
우리의 마음은 그 말씀이 주는 것을 보지 못한다.
참된 스승은 전 생애를 통해
두 번 만나기 힘들지만
그를 내 생각으로 판단하게 되면,
곁에 있어도 알 수 없고 지나칠 수밖에 없다.

제28장
몸의 음양이 균등하면 근원으로 돌아간다

수컷을 알면서 암컷을 지키면 (그 몸은) 천하의 계곡이 된다.

□ 강인함과 온유함을 겸비한 사람은 천하의 계곡이 된다. 그런 사람에게는 계곡으로 물이 몰려들 듯이 천하 사람들이 몰려온다.

□ 마음을 비워 몸의 음양이 균등해지면 계곡으로 물이 몰려들 듯이 일 (一, 현빈)이 몸속으로 들어온다. 그 몸은 병마(病魔)를 여의게 되고 궁극에는 죽음을 벗어난다.

□ 수컷은 양(陽)을 상징하고 암컷은 음(陰)을 상징한다. 양은 남성적인 기질이고 음은 여성적인 기질이다. 양은 확산하고 음은 축소한다. 사람의 몸은 음양이 균등할 때 최상의 상태가 된다.

知其雄 守其雌 爲天下谿
지기웅 수기자 위천하계

(몸이) 천하의 계곡이 되면 (그에게서) 영원한 덕이 떠나지 않으니

爲天下谿 常德不離
위천하계 상덕불리

그런 사람은 갓난아이로 되돌아간다.
□ 몸과 마음이 순수한 상태로 돌아간다.

復歸於嬰兒
복귀어영아

흰 것을 알면서 검은 것을 지키면 천하의 본보기가 된다.
□ 하늘을 알고 세속과도 조화를 이룰 수 있는 사람은 천하의 본보기가
된다.

知其白 守其黑 爲天下式
지기백 수기흑 위천하식

천하의 본보기가 되면 영원한 덕이 어긋나지 않으니
□ 영원한 덕이 늘 유지된다.

爲天下式 常德不忒
위천하식 상덕불특

그런 사람은 다시 무극으로 돌아간다.
□ 도와 하나 되어 생명이 끝없이 유지된다.

復歸於無極
복귀어무극

영화로움의 길을 알면서도 낮은 자리를 지키는 사람은 천하의 계곡이 된다.

□ 세인들이 탐하고 선호하는 길의 실체를 아는 자는 그런 것에 마음을 두지 않고 스스로 자족함으로써 그 몸이 천하의 계곡이 된다.

知其榮 守其辱 爲天下谷
지기영 수기욕 위천하곡

천하의 계곡이 되면 영원한 덕이 충만하게 되니

爲天下谷 常德乃足
위천하곡 상덕내족

그런 사람은 박(樸 = 도)으로 복귀한다.

□ 도(근원)에게로 돌아가서 영원히 마르지 않는 생명의 샘물을 마시게 된다.

復歸於樸
복귀어박

박(樸 = 도)이 흩어지면 다양한 기물이 되지만

□ 도가 흩어지면 만물이 된다.

樸散則爲器
박산즉위기

○ 성인이 그것(박樸 = 도)을 사용할 때는 백관(百官)의 수
장으로 삼으니

□ 백관의 우두머리로 삼는다는 것은 최고의 높은 어른으로 모신다는
뜻이다.

聖人用之則爲官長
성인용지즉위관장

○ 큰 그대로 사용하지 자르거나 나누지 않는다.

故大制不割
고대제불할

도는 높아지기 위해 하는 것이 아니다

성인은 도를 사용한다고 했다.
사용한다는 것은
도를 부리는 것이 아니라
자신을 도에 맞추는 것이다.

도에 자신을 맞추면
도는 오로지 '사는 길'로 데려다준다.
생명을 회복시키고 길러주며
흉화(凶禍)를 비켜가게 하고
될 일은 더 잘되게 하지만
되어서 안 될 일은 안 되게 한다.

이 원리를 모르면,
도를 욕망성취의 수단으로 오해하게 된다.
도와 연결되어 난제(難題)가 해결되는 것은
목숨을 건지라는 도움이지만,
이를 잘못 해석하면
도가 내 욕망을 성취시켜 준 것으로 착각하게 된다.

하지만 도를 욕망성취의 도구로 인식하면
그 순간부터 도의 도움은 사라진다.

나를 살아 있게 하는 것보다 더 큰 도의 은공은 없고
내가 몸을 받아 있는 것은
이미 다 가지고 있는 것인데
인간은 자꾸 거기에 무얼 더하려 하다가 죽는다.
도를 욕망성취의 수단으로 삼는 자는
자꾸 일을 벌이고 만들다가 죽게 되니
도가 그런 일을 도울 리 없는 것이다.
그러므로 바라는 것마다 성취시켜 주지 않는다고
뜻하는 바마다 이루어 주지 않는다고
도를 원망한다면 도는 그 마음파동에 염증이 나서
나를 떠나버린다.

도는 세상의 덧없는 것들을 좇다가
죽지 말라고 도와주는 것이니
도가 바라는 삶을 살아야 한다.
도가 바라는 삶이란 도처럼 낮아지고
빈 마음이 되어 살리고 베푸는 것이다.
도가 하는 일이 그것이기 때문이다.

도가 하는 대로 살면 인생이 순탄해지고

받고자 하지 않아도 들어오며 나간 것도 들어온다.

도는 말이 없으나 이 우주를 펼친 자이니

도가 내 마음을 모를 거라고 착각해서는 안 된다.

제29장
천하는 억지로 다스릴 수 없다

장차 천하를 취하여 뭔가를 해 보겠다는 사람들이 있으나

將欲取天下而爲之
장욕취천하이위지

나는 그들의 뜻대로 되지 않을 것을 안다.

吾見其不得已
오견기부득이

천하와 사람은 신령한 기물이라 억지로 다스릴 수 없으니

天下神器 不可爲也
천하신기 불가위야

억지로 취하고자 하는 자는 실패하고

爲者敗之
위자패지

억지로 잡는 자는 잃게 된다.

執者失之
집자실지

왜 그런가? 만물은 앞서는 것이 있는가 하면 뒤따르는 것이
있고

故物或行或隨
고물혹행혹수

움츠러든 것이 있는가 하면 부풀려진 것도 있다.

或歔或吹
혹허혹취

강한 것이 있는가 하면 약한 것도 있고

或强或羸
혹강혹리

위에 얹히는 것이 있는가 하면 아래에 놓이는 것도 있다.

□ 그러한 즉, 일률적으로 다스릴 수 없으니, 일률적으로 다스리려고
하면 할수록 천하는 반발하게 된다.

或載或隳
혹재혹휴

그런 까닭에 성인은 (결코 억지로 무엇을 하는 법이 없고)
'심함', '사치스러움', '분수에 맞지 않는 큼'을 서슴없이 버
린다.

是以聖人 去甚 去奢 去泰
시이성인 거심 거사 거태

제30장
군대가 주둔한 곳은 가시나무만 자란다

○ 도(道)로써 백성을 보살피는 군주는

以道佐人主者
이도좌인주자

군대를 가지고 천하를 강압하지 않는다.

不以兵強天下
불이병강천하

그런 일은 어김없이 응보가 돌아오기 때문이다.

其事好還
기사호환

군대가 주둔한 곳은 가시나무만 자라나고

師之所處 荊棘生焉
사지소처 형극생언

큰 전쟁이 일어난 후에는 반드시 흉년이 든다.

□ 천지대자연은 인간의 사고와 행위의 모양대로 반응하며 그것을 거울처럼 비추어 준다.

이 세상의 어떤 불행비극도 우연은 없으며 그 원인은 반드시 인간 자신에게 존재한다. 현상계에는 인간이 믿고 인정하는 것이 나타나게 되어 있으니 전쟁과 재난 또한 그것을 당연지사로 여기는 한 결코 사라지지 않는다.

大軍之後 必有凶年
대군지후 필유흉년

그러므로 용병을 잘하는 군주는, 목적만 달성하면 그치고

故善者果而已
고선자과이이

감히 그것으로 강함을 취하지 않는다.

不敢以取强
불감이취강

목적을 이루어도 뽐내지 않고

果而勿矜
과이물긍

목적을 이루고도 자랑하지 않으며

果而勿伐
과이물벌

목적을 이루었다고 교만하지 않고

果而勿驕
과이물교

목적을 이루되 부득이한 경우에 한하며

果而不得己
과이부득이

목적을 이루되 강압하지 않는다.

果而勿强
과이물강

사물은 강성하면 곧 쇠퇴해지니

物壯則老
물장즉노

쇠퇴하는 것은 도가 아니다.

是謂不道
시위부도

도가 아닌 것은 금방 끝나버린다.

不道早已
부도조이

제31장
전승(戰勝)기념은 장례식일 뿐이다

무릇 아무리 훌륭하다 할지라도 무기는 상서롭지 못한 도
구이니

夫佳兵者 不祥之器
부가병자 불상지기

만물이 그것을 싫어한다.

物或惡之
물혹오지

그러므로 도를 좇는 사람은 (무기 따위에) 마음을 두지 않
는다.

故有道者 不處
고유도자 불처

군자는 평상시에 왼쪽을 상석(上席)으로 하지만

□ 왼쪽은 양(陽)을 상징하며, 양은 생명을 확산하는 일을 맡는다.

君子居則貴左
군자거즉귀좌

용병을 할 경우에는 오른쪽을 상석으로 한다.

□ 오른쪽은 음(陰)을 상징하며, 음은 생명을 축소하는 일을 맡는다. 용병은 군대를 부리는 일 곧, 전쟁하는 일이고 전쟁은 사람을 죽이는 일이니 우(右)를 상(上)으로 한다.

用兵則貴右
용병즉귀우

무력은 상서롭지 못한 도구이고

兵者 不祥之器
병자 불상지기

군자가 사용할 도구는 아니니

非君子之器
비군자지기

어쩔 수 없이 그것을 사용해야 한다면

不得已而用之
부득이이용지

'담담한 마음'을 최상으로 삼고

恬淡爲上
염담위상

승리를 거두어도 그것을 아름답게 여기지 말아야 한다.

勝而不美
승이불미

승리를 아름답게 여기는 자는 살인을 즐기는 자이니

而美之者 是樂殺人
이미지자 시락살인

무릇 살인을 즐기는 자는 그 누구도 천하에 뜻을 얻어 펼칠 수 없다.

夫樂殺人者 則不可以得志於天下矣
부락살인자 즉불가이득지어천하의

길사에는 왼쪽을 높이고

吉事尙左
길사상좌

흉사에는 오른쪽을 높이니

凶事尙右
흉사상우

편장군은 왼쪽에 자리하고
□ 편장군은 죽이는 일을 하지 않는다.

偏將軍居左
편장군거좌

상장군은 오른쪽에 자리하는데,
□ 상장군은 죽이는 일을 담당한다.

上將軍居右
상장군거우

(전사자의) 상을 치를 때도 그와 같이 자리를 배치한다.

言以喪禮處之
언이상례처지

(전쟁에 이겼다 하더라도) 죽은 사람이 많으면, 유족들이
슬픔에 젖어 울부짖게 되니

殺人之衆 以哀悲泣之
살인지중 이애비읍지

○ 전승은 (축하할 일이 아니라) 죽은 자의 상을 치르는 일
일 뿐이다.

戰勝 以喪禮處之
전승 이상례처지

전쟁은 광기를 부리는 일

여타의 번역서에는 '전승 이상례처지(戰勝 以喪禮處之)'를 '전승을 기뻐할 것이 아니라 전사자를 먼저 상례로써 예우하여 야 한다.'라고 해석해 놓은 것을 볼 수 있다.

그러나 그 당시에도 전사자의 상례는 당연한 절차였으니 굳 이 전사자를 상례로 예우하라고 말씀할 필요는 없다.

전쟁을 바라지 않는 성인은 보다 근본적인 말씀을 하게 되어 있다. 전쟁은 사람이 사람을 죽이는 일이며, 목적을 불문하고 광기를 부리는 일에 지나지 않으니 전쟁을 정당화하는 것조차 사리에 맞지 않다고….

그런 성인이 하실 말씀은 항상 정해져 있다. '전쟁은 같이 죽 고 망하는 길이니 어떤 경우에도 목적성취를 위한 수단으로 삼 지 말아야 한다.'는 것이다.

제32장
도에 머물면 위태롭지 않다

도는 영원하지만 이름이 없다.

道常無名
도상무명

비록 통나무 같이 보잘것없지만 천하의 그 누구도 '도'를 신하로 삼을 수 없으니

樸雖小 天下莫能臣也
박수소 천하막능신야

만약 왕과 제후가 이 도를 지키고 따를 수 있다면 만물이 스스로 복종할 것이다.
□ 만물이 귀한 손님이 되어 찾아올 것이다.

侯王若能守之 萬物將自賓
후왕약능수지 만물장자빈

천지는 서로 화합하여 감로를 내리고

天地相合 以降甘露
천지상합 이강감로

백성들은 명령하지 않아도 저절로 고르게 될 것이다.

民莫之令而自均
민막지령이자균

○ 도가 만물을 지으면 (만물에) 이름이 있게 되는데

始制有名
시제유명

○ 이름 또한 이미 만물 속에 들어 있었다.

名亦旣有
명역기유

○ 무릇 만물이 (앞으로도 영원히) 도를 알고 도에 머물 것이니

夫亦將知止
부역장지지

○ (사람 또한) 도를 알고 도에 머물면 위태롭지 않다.
□ 도에 머문다 함은 도를 알고 지키는 것이다.

知止 可以不殆
지지 가이불태

도가 천하에 존재하는 모습은, 비유컨대 냇물과 계곡물이 강과 바다로 흘러들어가는 것과 같다.

譬道之在天下 猶川谷之於江海
비도지재천하 유천곡지어강해

참나와 도

'참나'는 도의 자식이자 나의 참 정체다.
도가 무한의 물이라면 '나'는 그릇에 담긴 물이다.

두 물의 성분은 동일하지만
그릇의 물은 욕심에 의해 혼탁해지고
삶에 의해 오염된다.
나의 불행비극은 오염된 물의 반영이며
죽음은 오염이 극에 도달한 결과다.

하지만 물의 오염은 인위적 수단으로는 정화되지 않는다.
그릇의 물은 무한의 물과 연결되어야만 정화가 일어난다.
그릇의 물이 무한의 물과 연결되려면,
무한의 물을 향해 돌아서야 한다.
무한의 물이 연결되면 그릇의 물은 원래의 물로 돌아간다.
그때 '참나'는 다시 그 본래의 모습을 드러낸다.
성인이 도와 하나 되라고 한 이유는 거기에 있다.

제33장
만족할 줄 아는 사람이 부자다

남을 아는 자는 지혜롭지만
□ 상대를 아는 자는 지혜롭고

知人者智
지인자지

자기를 아는 자는 밝다.
□ 자신을 아는 자는 깨어 있다.

自知者明
자지자명

남을 이기는 자는 힘이 있지만

勝人者有力
승인자유력

자기를 이기는 자야말로 강하다.

自勝者强
자승자강

만족할 줄 아는 자가 부자이고
□ 재산이 많아도 남에게 베풀 줄 모르고 계속 불리려고만 하는 사람은
불만으로 가득 찬 거지와 다름이 없다.

知足者富
지족자부

힘듦을 무릅쓰고 실행하는 사람은 뜻이 있는 자이다.

强行者有志
강행자유지

○ 사람이 마땅히 머물러야 할 자리(도)를 잃지 않는 자는
수명이 장구하고

不失其所者久
불실기소자구

○ 죽지만, 몸을 망치지 않은 자는 장수한다.
□ 죽을 때 죽더라도 몸을 잘 간수한 자는 장수한다.

死而不亡者壽
사이불망자수

제34장
만물은 도에 의지하여 살아간다

대도는 흘러넘치니

大道氾兮
대도범혜

좌우뿐만 아니라 이르지 않는 데가 없다.

其可左右
기가좌우

만물이 도에 의지하여 살아가지만

萬物恃之而生
만물시지이생

도는 그것을 마다하는 법이 없고

而不辭
이불사

공을 이루어도 이름을 드러내지 않으며

功成不名有
공성불명유

만물을 옷처럼 따뜻이 덮어 기르지만 주인이 되려 하지 않
는다.

衣養萬物 而不爲主
의양만물 이불위주

늘, 무(無)로 있기를 바라니 '지극한 작음'이라고 이름할 수
있고

常無欲 可名於小
상무욕 가명어소

만물이 귀의하지만 주인이 되려 하지 않으니

萬物歸焉而不爲主
만물귀언이불위주

'지극한 큼'이라고 이름할 수 있다.

可名爲大
가명위대

그럼에도 도는 끝내 자신을 위대하다고 하지 않으니

以其終不自爲大
이기종부자위대

그런 까닭에 그 '위대함'을 이룰 수 있는 것이다.
□ 진정 위대한 자는 자신이 위대한 줄 모른다.

故能成其大
고능성기대

제35장
도가 임하면 태평해진다

군주가 위대한 형상(도)을 잡으면 천하가 그에게로 간다.

執大象 天下往
집대상 천하왕

그에게로 가면 해(害)를 받지 않으니 천하가 평안하고 태평
스러워진다.

往而不害 安平太
왕이불해 안평태

현란한 음악과 풍부한 먹거리는 지나는 길손의 걸음을 멈
추게 하지만

樂與餌 過客止
악여이 과객지

도에게서 나온 것은 하도 담백하여 맛이 없고

道之出口 淡乎其無味
도지출구 담호기무미

보려고 해도 보이지 않으며

視之不足見
시지부족견

들으려고 해도 들리지 않는다.

聽之不足聞
청지부족문

하지만 도는 아무리 사용해도 부족한 법이 없다.

用之 不足旣
용지 부족기

제36장
대자연의 도

(대자연의 도는) 축소하고자 하면 반드시 먼저 확장시키고

將欲歙之 必固張之
장욕흡지 필고장지

약화시키고자 하면 반드시 먼저 강화시키며

將欲弱之 必固強之
장욕약지 필고강지

폐하고자 하면 반드시 먼저 번성하게 하고

將欲廢之 必固興之
장욕폐지 필고흥지

빼앗고자 하면 반드시 먼저 준다.

將欲奪之 必固與之
장욕탈지 필고여지

이것(이러한 대자연의 이치를)을 일러 '미묘한 밝음'이라
한다.
□ 천지대자연은 왕쇠강약(旺衰强弱)을 적절히 반복하면서 전체의 균
형을 유지한다.

是謂微明
시위미명

(대자연의 일이 다소 모순되어 보이듯이)
천하에서 가장 부드럽고 약한 것(도)이 굳세고 강한 것을
이기지만
□ 40장. 미약한 것은 도의 쓰임새(작용)이다.
□ 43장. 천하에서 가장 부드러운 것(도)이 천하에서 가장 단단한 것을
부리고, 형체가 없지만 '본디 있는 것(도)'이 틈새가 없는 것 속으로 들
어간다.

柔弱勝剛强
유약승강강

물고기가 연못 밖으로 나올 수 없듯이

魚不可 脫於淵
어불가 탈어연

○ 국가를 (참으로) 이롭게 하는 기물(도)은 사람들에게 보
여 주고 싶어도 보여줄 방법이 없다.

國之利器 不可以示人
국지이기 불가이시인

성인이 권모술수를 논했다?

여타의 번역서들을 보면 이 36장이 원저자가 자연현상을 의인화한 것이 아니라 인사(人事)에 관해 이야기한 것처럼 해석해놓았다.

만약 이 장이 인사를 논한 것이라면 누가 보아도 성인이 교활한 술책을 가르친 것이나 다름이 없고, 옛 유학자들이 '도덕경은 권모술수를 가르친 책'이라고 비난한 것도 정당성을 띠게 된다.

하지만 이 장에 얽힌 오해는 모두가 '미명(微明)'에 담긴 참뜻을 알지 못해 생겨난 것이다.

만약 한 사람이라도 '미명'의 참된 의미를 알았더라면 이 장의 말씀이 자연의 의인화란 사실을 인지했을 것이고, '미명'이 교활한 술수를 묘사하는 데 사용될 수 없는 말이란 것도 알 수 있었을 것이다.

성인이 말씀한 '미명'이란 미묘한 밝음 즉, 도의 미묘한 밝음을 뜻한다. 즉, '미명'은 왕쇠강약을 적절히 반복하면서 대자연의 균형을 유지하는 도의 미묘한 밝음, 곧 '도의 미묘한 지혜의 작용'인 것이다.

제37장
무위의 공덕

도는 항상 '행함'이 없지만 하지 못하는 일도 할 수 없는 일
도 없으니

道常無爲而無不爲
도상무위이무불위

○ 만약 왕과 제후가 이 도를 지키고 따를 수 있다면 만 가
지 일(것)이 저절로 돌아가게 될 것이다.

侯王若能守之 萬物將自化
후왕약능수지 만물장자화

○ 일이 저절로 돌아가는데도 무엇을 하고자 하는 욕심이
일어나면 (왕과 제후가 도를 지키고 따르는 사람들이라고
할 때 그들은) 내가 하는 것처럼 이름 없는 통나무(도)로 욕
망을 진압할 것이다.

化而欲作 吾將鎭之以無名之樸
화이욕작 오장진지이무명지박

○ 이름 없는 통나무는 욕심 또한 사라지게 할 것이니, (왕과 제후가 도를 지키고 따라서) 욕심을 내지 않고 고요해지면

無明之樸 夫亦將無欲 不欲以靜
무명지박 부역장무욕 불욕이정

천하는 저절로 안정될 것이다.
□ 군주는 백성의 뿌리다.

天下將自定
천하장자정

무위이무불위(無爲而無不爲)

'무위이무불위'는 '행함이 없지만 하지 못하는 일도 할 수 없는 일도 없다.'라는 뜻이다.

얼핏 생각하기엔, 이 말이 모순인 것 같지만 그 말에는 인지(人知)를 넘어선 뜻이 담겨 있다.

'무위이무불위'는 도가 지닌 미묘하고도 무소불위한 작용을 말한 것으로 도를 지키는 사람에게 주어지는 도의 은택이다.

이 사실을 뒷받침해 주는 구절이 바로 '후왕약능수지 만물장자화(侯王若能守之 萬物將自化)'다. 이 말씀에 담긴 의미는, 아무리 유능한 왕과 제후일지라도 만 가지 일(것)이 저절로 달라지게 할 수 없지만 도를 지키고 따르는 사람에게는 그런 일이 가능하다는 것이다.

그러므로 자신을 위해 일을 만들고 벌이는 것을 능사로 삼거나 잠시도 가만히 있지 못하는 사람들은 두 글귀의 의미를 심사숙고해 볼 필요가 있다.

그것은 두 말씀이 무위의 삶을 산, 성인의 체험에서 나온 가르침이기 때문이다. 진실로 성인의 가르침은 구시대의 우화가 아니라 시공을 넘어 우리를 구원하는 진리인 것이다.

본문 2.

德經(덕경)
제38~81장

제38장
도 아닌 것을 도로 삼다

최상의 덕은 인지할 수 있는 덕이 아니다.

上德不德
상덕부덕

그러한 까닭에 진실로 덕이 있는 것이다.

是以有德
시이유덕

낮은 덕(세상 사람들이 말하는 덕)은, 덕을 잃지 않으려 애
쓰는 것이니

下德 不失德
하덕 불실덕

그러므로 (그런 덕에는) 덕이 없다.

204 노자 도덕경

□ 그런 덕은 쌓이지도 않는다.

是以 無德
시이 무덕

최상의 덕은 의도하는 바도 없고 드러난 행위도 없다.
□ 도의 덕은 드러난 행위도 없고 의도하는 바도 없다. 즉, 그냥 위하고
그냥 행할 뿐이다. 그래서 도의 덕을 최상의 덕이라고 했다.

上德 無爲而無以爲
상덕 무위이무이위

낮은 덕은, 의도하는 바가 있고 그에 상응하는 행위가 있다.

下德 爲之而有以爲
하덕 위지이유이위

최상의 '인'은 행위가 있지만 의도하는 바가 없다.

上仁 爲之而無以爲
상인 위지이무이위

최상의 '의'는 의를 행한다고 하지만 그것으로 의도하는 바
가 있다.

上義 爲之而有以爲
상의 위지이유이위

최상의 '예'는 예를 행한다고 하면서도 (스스로 예를 저버
린다) 아무도 응하지 않으면

上禮 爲之而莫之應
상례 위지이막지응

팔을 걷어붙이고 따르게 한다.

則攘臂而扔之
즉양비이잉지

그러므로 도를 잃은 후에 '덕'이 있게 되었고
□ 이 문장의 덕은 도의 덕이 아니라 인성(人性)이 가질 수 있는 최상
의 성품을 뜻한다.

故失道而後德
고실도이후덕

덕을 잃은 후에 '인'이 있게 되었으며

失德而後仁
실덕이후인

인을 잃은 후에 '의'가 있게 되었고

失仁而後義
실인이후의

의를 잃은 후에 '예'가 있게 되었다.

失義而後
실의이후예

무릇 '예'라는 것은 충성과 믿음이 얇아진 것으로서

夫禮者 忠信之薄
부예자 충신지박

어지러움의 우두머리다.

而亂之首
이란지수

(사람들은 앞일을 내다보는 것을 선호하여)

앞일을 아는 것(예견, 예지)을 도의 꽃이라고 하나, 그것은 어리석음의 시초일 뿐이다.

□ 지레짐작과 상상은 항상 헛수고라는 결말이 기다리고 있고, 도가 없는 다음에는 앞일과 운명을 안다고 피할 수 있는 것이 아니다.

前識者 道之華 而愚之始
전식자 도지화 이우지시

그러므로 대장부는 '두터움'에 머물지

是以大丈夫處其厚
시이대장부처기후

'얇음'에 머물지 않으며

不居其薄
불거기박

'열매'에 머물지(내실을 기하고)

處其實
처기실

‘꽃’에 머물지 않는다(겉의 화려함을 취하지 않는다).

不居其華
불거기화

그런 까닭에 대장부는 저것(얇음, 겉의 화려함)을 버리고
이것(두터움, 내실)을 취한다.

故去彼取此
고거피취차

제39장
도는 천지만물을 받들고 있다

아득한 옛날, 일(一)을 얻은 것들이 있었다.
□ 일(一)은 도의 다른 이름이다.

昔之得一者
석지득일자

하늘은 일(一)을 얻음에 맑아졌고, 땅은 일(一)을 얻음에 안
정되었다.

天得一以淸 地得一以寧
천득일이청 지득일이녕

신은 일(一)을 얻음에 신령해졌고

神得一以靈
신득일이령

계곡은 일(一)을 얻음에 채워졌으며

谷得一以盈
곡득일이영

만물은 일(一)을 얻어서 생겨났다.

萬物得一以生
만물득일이생

제후와 왕은 일(一)을 얻음에 천하의 바른 것이 되었다.

候王得一以爲天下貞
후왕득일이위천하정

이 모두를 이루어지게 한 것은 일(一)이었다.

其致之一也
기치지일야

(그러므로) 하늘은 맑혀주는 일(一)이 없으면 갈라질지도
모르고

天無以淸 將恐裂
천무이청 장공열

땅은 안정시켜주는 일(一)이 없으면 터져버릴지도 모르고

地無以寧 將恐發
지무이녕 장공발

신은 영험하게 해 주는 일(一)이 없으면 영험이 사라질지도
모르고

神無以靈 將恐歇
신무이령 장공헐

계곡은 채워주는 일(一)이 없으면 말라버릴지도 모르고

谷無以盈 將恐竭
곡무이영 장공갈

만물은 살게 하는 일(一)이 없으면 멸절해버릴지도 모르고

萬物無以生 將恐滅
만물무이생 장공멸

제후와 왕은 바르게 하는 일(一)이 없으면 그들의 고귀함이
무너질지도 모른다.

侯王無以貴高 將恐蹶
후왕무이귀고 장공궐

그런 까닭에 [가장 고귀한 일(一)이 천지만물을 받들고 있듯이]
귀해지고자 하면 반드시 천함을 근본으로 삼아야 하고

故貴以賤爲本
고귀이천위본

높아지고자 하면 반드시 낮음을 기본으로 삼아야 한다.

高以下爲基
고이하위기

이 때문에 제후나 왕은 자신을 가리켜 고아, 과부, 불곡이라
고 하는데

是以 侯王自謂孤寡不穀
시이 후왕자위고과불곡

이는(그런 호칭들은) 천함을 자신의 근본으로 삼은 것이다.

□ 그런 호칭들은 왕이 스스로 자신을 낮추어 백성의 근본임을 드러낸 말이다.

此非以賤爲本邪
차비이천위본야

그렇지 않은가?

非乎
비호

○ 그런 까닭에 수레가 수레일 수 있는 것은 자신을 구성하고 있는 부품에 의한 것이 아니니

□ 사람이 높고 귀함은 호칭에 있는 것이 아니다.

故致數輿無輿
고치수여무여

○ 자질구레한 옥처럼 되려고 하지 말고, 돌처럼 볼품이 없어도 일(一)을 아는 것이 낫다.

□ 어떤 부와 귀를 가지는 것보다 도를 아는 것이 더 낫다. 도는 영원히 주지만 부와 귀는 언제 사라질지 모르는 거품과 같다.

不欲琭琭如玉 珞珞如石
불욕록록여옥 락락여석

도를 떠나 어느 것도 존재할 수 없다

사람들은 노자가 말씀한 일(一)과 유일자이신
창조주, 아버지 하나님을 별개의 존재로 인식한다.
위의 말들이 의미에서 하나임을 알지 못한 탓이다.

일(一)은 유일무이함을 뜻하는 도의 다른 이름이며
모두와 모든 것의 참된 근본은 하나이고
하나에서 나와서 하나로 귀일한다는 의미가 있다.

스스로 존재하는 자는 오직 도뿐이며
인간과 삼라만상은 도가 지지해 주지 않으면
한 순간도 존재할 수 없다.

도가 떠나버리면,
우리 몸은 호흡과 피의 순환이 멈추고
형체가 분해되기 시작한다.
태양과 달과 별, 지구도 사라지고
유형, 무형의 세계가 완전한 무(無)로 돌아간다.

인간과 천지만물은 스스로 살아가는 것이 아니라
도에 의해 살려지고 있다.
나를 살게 하는 것은 도의 생명이며
나의 활동은 도가 움직이는 것이다.

이 사실을 깨친 것을 존재의 진실을 안다고 한다.
존재의 진실을 아는 자는 불평하지 않는다.
'살아 있음'보다 더 소중한 것은 없기 때문이다.

제40장
무(無)는 유(有)의 근본이다

'되돌아옴'은 도의 움직임이고
□ 도는 돌아감과 돌아옴을 반복한다.

反者 道之動
반자 도지동

약함(미세함)은 도의 쓰임새(작용)이다.
□ 도는 소리도 형체도 없다.

弱者 道之用
약자 도지용

세상만물은 있음(유有)에서 태어나지만

天下萬物生於有
천하만물생어유

있음은 없음(무無)에서 태어난다.

□ 유는 형체 있는 모든 것이고 무는 존재하고 있으나 형체가 없다. 형체 있는 모든 것들은 형체 없는 무에서 태어난다.

□ 사람들은 눈에 보이는 것만을 전부로 알며 눈에 보이지 않는 세계는 없다고 생각한다. 그래서 마음이 무슨 일을 하는지 알 수 없고 자신의 인생과 세상을 움직이는 것이 무엇인지 알 수도 없다.

有生於無
유생어무

제41장
상등, 중등, 하등 사람

상등 사람이 도를 들으면 힘써 그것을 실천하고

上士聞道 勤而行之
상사문도 근이행지

중등 사람이 도를 들으면 도가 있는 것도 같고 혹 없는 것도 같으며
□ 긴가민가하고 반신반의한다.

中士聞道 若存若亡
중사문도 약존약망

하등 사람이 도를 들으면 크게 비웃는다.
□ 아예 관심도 없고 알려고 하지도 않는다.

下士聞道 大笑之
하사문도 대소지

그러나 사람들이 비웃지 않는 도는 도라고 하기에 부족하다.

不笑 不足以爲道
불소 부족이위도

그런 까닭에 전해져 오는 말에 이런 것이 있다.

故建言有之
고건언유지

도의 밝음은 어두운 것 같고
☐ 도를 깨친 사람은 오히려 흐릿한 것 같고

明道若昧
명도약매

도가 나아가는 것은 물러나는 것 같고
☐ 도를 따르는 사람은 퇴보하는 것 같으며

進道若退
진도약퇴

도가 평탄한 것은 굴곡이 진 것 같고
□ 도에 의해 업장이 깨질 때는 뭔가 잘못되는 것 같고

夷道若纇
이도약뢰

○ (도의) 높은 덕은 텅 빈 계곡과 같고
□ 높은 덕을 지닌 사람은 마음이 비어 있고

上德若谷
상덕약곡

○ (도의) 크게 깨끗함은 마치 굴욕 같고
□ 결백한 사람은 스스로 자신의 안위(安慰)를 포기하는 것 같고

大白若辱
대백약욕

○ (도의) 풍부한 덕은, 마치 부족한 것 같고
□ 풍후한 덕을 지닌 사람은 어수룩한 것 같고

廣德若不足
광덕약부족

○ (도가) 덕을 짓는 일은 남몰래 훔치는 일 같고

□ 상덕(上德)은 인지할 수 있는 덕이 아니다.

建德若偸
건덕약투

○ (도는) 질박하고 참되지만 잘 변하는 것 같고

□ 참되고 꾸밈이 없는 사람이 변덕을 부리 듯하는 것은 자신을 위해서가 아니라 상대를 위해서인 것이다.

質眞若渝
질진약유

○ (도의) 큰 올바름은 모가 나지 않고

□ 진실로 방정(方正)한 사람은 모가 나지 않는다.

大方無隅
대방무우

○ (도의) 너무 큰 능력은 하잘 것 없는 것 같고

大器晩成
대기만성

○ (도의) 너무 큰 음은 귀로 들을 수 없고

大音希聲
대음희성

○ (도의) 진실로 큰 형상은 모습이 없다.

大象無形
대상무형

도는 꼭꼭 숨어 있고 이름도 없지만

道隱無名
도은무명

오직 도만이 자신을 잘 빌려주고 성취케 해준다.

夫唯道 善貸且成
부유도 선대차성

제42장
큰 자는 낮아져서 없는 자이다

도는 하나를 낳고
□ 도는 무극을 낳고

道生一
도생일

하나는 둘을 낳고
□ 무극은 음과 양을 낳고

一生二
일생이

둘은 셋을 낳고
□ 음과 양은 다시 양기, 음기, 충기로 화한다.

二生三
이생삼

셋은 만물을 낳는다.

三生萬物
삼생만물

만물은 음을 등에 지고 양을 껴안으며
□ 음기와 양기를 받아 지니며

萬物負陰而抱陽
만물부음이포양

충기는 음, 양이 조화를 이루어 하나가 되게 한다.
□ 양은 확산하고 음은 축소하며, 세상을 비롯한 만물만상은 그 모두가
음양의 균형에 의해 유지되고 있다. 음과 양 한쪽만 있으면 아무것도
생겨나지 않으며, 음과 양 어느 한쪽이 과다하면 인체는 병이 생기고
세상은 환란이 일어난다. 병과 환란은 음양의 균형이 깨진 모습임과 동
시에 음양이 균형을 회복하는 과정이다.
또한 세상만물은 음과 양을 동시에 가지고 있으니 길(吉)에는 흉(凶)이
숨어 있고 복(福)에는 화(禍)가 숨어 있다. 그러므로 항상 선한 사람도
없고 악한 사람도 없으며 전적으로 기뻐할 일도 슬퍼할 일도 없는 것이
다. 깨닫고 보면 세상의 일은 모두가 음양의 춤에 불과하니 욕심을 부
리거나 집착할 일이 아무것도 없는 것이다.
성인이 일(一)을 지키라고 한 것은 참된 기쁨과 평화는 음양 이전의 자
리에 있기 때문이다.

沖氣以爲和
충기이위화

(세상을 자세히 관찰해 보면 음양의 균형을 이루기 위한 일
들이 벌어지고 있다. 아래의 일들은 그 예다.)

사람들은 오직 '고아', '과부', '착하지 않은 사람'이 되는 것
을 꺼려하지만 왕과 제후는 그런 말들을 자신의 호칭으로
삼는다.
□ 가장 고귀한 신분을 가진 왕은 천한 사람을 자신의 호칭으로 삼아
자신을 낮춤으로써 음양의 균형을 도모한다.

人之所惡 唯孤寡不穀 而王公以爲稱
인지소오 유고과불곡 이왕공이위칭

그러므로 사물은 덜어내고자 하는데도 오히려 보태어지는
수가 있고
□ 끌어당기면 얻지 못하나 밀어 사양하면 반드시 돌아온다.   -하상공-

故物或損之而益
고물혹손지이익

보태고자 하는데도 오히려 덜어내어지는 수가 있다.

□ 무릇 높이 쌓는 것은 무너지고 부귀를 탐내는 자는 환난을 만난다.
-하상공-

或益之而損
혹익지이손

사람들이 (이익과 손실에 대해) 가르치는 것이 있지만
□ 사람들은 '굳셈'과 '강함'에 이익이 있다고 가르치지만

人之所教
인지소교

나 또한 가르칠 것이 있다.
□ 나는 '부드러움'과 '온화함'에 이익이 있다고 가르친다.

我亦教之
아역교지

강량자(힘으로 남을 누르려는 자)는 제명에 죽지 못하니
□ 강량자는 강한 대들보 같은 자를 말한다. 그런 사람은 음양 중에 양
(陽)만 커져서 음양의 균형이 강하게 깨진 상태이므로 음양의 균형이
회복되는 과정에서 죽게 된다.

强梁者 不得其死
강량자 부득기사

나는 이를 가르침의 '아버지'로 삼을 것이다.

吾將以爲敎父
오장이위교부

제43장
사람들은 무위의 이로움을 모른다

천하에서 가장 부드러운 것(도)이 천하에서 가장 단단한 것
을 부리고

天下之至柔 馳騁天下之至堅
천하지지유 치빙천하지지견

형상이 없지만 '본디 있는 것(도)'이 틈새가 없는 것 속으로
들어간다.
□ 도는 유형, 무형의 세계를 관통한다.

無有入無間
무유입무간

나는 이 사실에서 무위(도의 행)의 이로움을 알았지만
□ 나는 도가 무위하지만 만물이 저절로 변화하고 완성되는 것을 본다.
이 때문에 나는 무위가 사람에게 이롭다는 것을 안다.   -하상공-

吾是以知無爲之有益
오시이지무위지유익

말없는 도의 가르침과

不言之敎
불언지교

무위가 주는 이로움

無爲之益
무위지익

천하에서 그것을 좇는 이는 드물다.
□ 사람들은 눈에 보이는 것만이 전부라고 생각하니 무위를 알 수도 없
고 행할 수도 없다. 오직 유위만이 사는 길이라 믿고 동분서주 하지만
최종적으로 가지는 것은 허무와 병과 죽음뿐이다.

天下希及之
천하희급지

제44장
목숨보다 더 소중한 것이 있다?

자신의 몸과 명예, 어느 것이 더 소중한가?

名與身 孰親
명여신 숙친

자신의 몸과 재물, 어느 것이 더 중요한가?

身與貨 孰多
신여화 숙다

명예와 재물을 얻는 것과 잃는 것, 어느 것이 병이 되는가?

得與亡 孰病
득여망 숙병

이러한 까닭에 지나치게 아끼면 반드시 크게 허비하게 되고
□ 죽도록 모으기만 하는 사람은 반드시 그 모은 것을 써줄 사람이 기
다린다.

是故甚愛必大費
시고심애필대비

많이 쌓아두면 반드시 크게 잃게 된다.

多藏必厚亡
다장필후망

만족할 줄 알면 치욕을 겪지 않고

知足不辱
지족불욕

그칠 줄 알면 위태롭지 않으니

知止不殆
지지불태

이것이 되면 목숨을 오래도록 보전할 수 있다.

可以長久
가이장구

제45장
도의 위대함은 위대한 것 같지 않다

○ 도가 이룬 것은 마치 결함이 있는 듯하지만

□ 대(大)는 도의 대명사다.

大成若缺
대성약결

그 쓰임엔 어떤 폐해도 없다.

其用不弊
기용불폐

○ 도가 가득 찬 것은 마치 비어 있는 듯하지만

大盈若沖
대영약충

그 쓰임엔 다함이 없다.

其用不窮
기용불궁

○ 도의 올곧음은 마치 굽은 듯하고

大直若屈
대직약굴

○ 도의 기교는 세련되지 못한 것 같고

大巧若拙
대교약졸

○ 도의 언변은 어눌한 것 같다.

大辯若訥
대변약눌

바쁘게 움직이면 추위를 이기고

躁勝寒
조승한

고요히 있으면 더위를 이기지만

靜勝熱
정승열

○ (도처럼) 맑고 고요하면 천하를 바르게 할 수 있다.
□ 세상 구원은 그것을 외친다고 이루어지는 것이 아니라
한 사람 한 사람이 맑고 고요해지는 데 있다.

淸靜爲天下正
청정위천하정

제46장
욕심이 죄를 잉태하고

천하에 도가 있으면
□ 즉, 세상에서 도를 좇는 사람이 많으면

天下有道
천하유도

전쟁터를 달리던 말이 거름을 나르는 데 사용되고

卻走馬以糞
각주마이분

천하에 도가 없으면
□ 즉, 세상에서 도를 좇는 사람이 없으면

天下無道
천하무도

군마가 전선(戰線)에서 새끼를 낳는다.

□ 도가 없는 세상은 인간의 탐욕에 의해 편치 못한 곳이 된다.

戎馬生於郊
융마생어교

(그러한 즉) 욕심을 부리는 것보다 더 큰 죄는 없고

□ 침략전쟁은 군주가 욕심을 부린 결과다.

罪莫大於可欲
죄막대어가욕

만족을 모르는 것보다 더 큰 재앙이 없으며

禍莫大於不知足
화막대어부지족

더 많이 가지고자 하는 것보다 큰 허물은 없다.

咎莫大於欲得
구막대어욕득

그러므로 만족할 줄 아는 것이 만족이고

故知足之足
고지족지족

영원한 만족이다.

常足矣
상족의

감사하면 온전해진다

불평과 불만족은 감사를 모르는 데서 생겨난다.
알고 보면 감사할 일이 너무 많지만
우리는 응당 감사할 일도 감사하지 않으며
감사와 은혜를 잊고 산다.
'태어남'과 '살아 있음'에 감사하지 않으니
죽을 고생을 하다가 죽게 되며,
도의 은혜를 모르고 보은할 마음도 없으니
배신을 겪고 되는 일이 없어진다.
부모은혜를 당연하게 여기니 원망만 하게 되고
원망하니 자신의 모든 일이 막히게 된다.
스승의 은혜를 모르니 자기 스스로 안 것 같고
청출어람을 꿈꾸나 교만에 빠져 넘어진다.
삶의 평온이 얼마나 소중한지를 모르고
가짐에만 몰두하니 온갖 풍파를 겪게 되고
자신의 그릇은 모르고 더 가지려고만 하니
가진 것마저 잃게 된다.
돈으로 물품을 산다고만 생각하지
생산자의 피와 땀에 감사할 줄 모르니

자신의 수고와 노력이 피어나지 못한다.
나를 살리고 있는 천지에 감사할 줄 모르니
그 마음을 돌려받아 온갖 재난을 겪는다.

예수님의 '범사에 감사하라'는 말씀은
진리 중의 진리다.
이 말씀을 실천하는 자는 현명한 자이고
그런 자에게는 병과 우환이 스스로 물러간다.
하지만 우리는 말씀의 깊은 뜻을 살피려 하지 않고
감사할 일과 감사하지 않을 일을 구분하는 것이
현명한 줄 안다.
그 결과는 병과 가난을 벗하는 것이다.
감사를 비굴함으로 여기는 사람은 아만(我慢)을 숭배하는 것
이니 그 아만 때문에 몸을 버리게 된다.
성인의 가르침은 이론이 아니라 삶 자체인 것이다.

제47장
나다니지 않아도 천하를 안다

문밖을 나가지 않아도 천하를 알고

不出戶 知天下
불출호 지천하

창밖을 내다보지 않아도 천도를 안다.

□ 천도(天道): 천지자연의 흐름

不窺牖 見天道
불규유 견천도

멀리 나갈수록 아는 것은 더 적어지니

□ 인간의 머리에서 나온 지식은 쌓으면 쌓을수록 진정 알아야 할 것을
모르게 되니 식자우환이란 이를 두고 한 말이다.

其出彌遠 其知彌少
기출미원 기지미소

성인은 나다니지 않아도 세상 돌아가는 것을 알고

是以聖人不行而知
시이성인불행이지

보지 않아도 사물의 본질을 파악하며
□ 유(有)를 보고 무(無)를 알며 무를 보고 유를 안다.

不見而名
불견이명

작위하지 않고도 이룬다.

不爲而成
불위이성

제48장
덜어내고 덜어내면 무위에 이른다

학문은 날마다 더하는 일이고

爲學日益
위학일익

도는 날마다 덜어내는 일이다.

爲道日損
위도일손

덜어내고 또 덜어내면

損之又損
손지우손

마침내 무위에 이르게 되니

□ 무위는 '행이 없는 행', '도의 행', '사심이 없는 행'이다. 무위의 행은 나의 좁은 식견을 버려야만 행할 수 있다.

以至於無爲
이지어무위

(무위에 이르면) 할 수 없거나 하지 못하는 일이 없게 된다.

無爲而無不爲
무위이무불위

천하를 다스리는 일은 항상 무사로 임해야 하니

□ 천하는 무위의 덕으로 다스려야 한다.
□ 무사(無事): (무위를 아는 자는 무사할 수 있으니 다음이 가능해진다) 일을 일삼지 않음, 사심 없이 일함, 자타에 덕이 되지 않는 일을 벌이지 않음, 백성의 마음이 되어 일함.

取天下常以無事
취천하상이무사

일을 만들고 벌이는 자는 천하를 다스리기에 부족하다.

□ 무사를 모르는 자는 천하를 다스리기에 부족하다.

□ 有事(유사): (무위를 모르면 인위적, 작위적 수단에 의지해야 하니 다음의 것들이 필요해진다) 욕심으로 일함, 억지로 일함, 일을 만들고 벌여서 함, 업적을 쌓기 위해 일함, 일한다는 것을 보여주기 위해 일함.

及其有事 不足以取天下
급기유사 부족이취천하

□ 참고: 산통은 우리가 뭔가 억지로 일을 꾸며 그럴듯한 공적을 쌓고 남보란 듯 살아보겠다고 설치는 일이다. 이런 의식적이고 이기적인 동기가 마음 한 구석에 조금이라도 있는 한 비록 "내게 있는 모든 것으로 구제하고 또 내 몸을 불사르게 내어줄지라도" 이런 일이 모두 허사가 되거나 냄새나는 일이 되고 만다는 것이다. 결국 '자기'라는 것이 없어짐으로써 자기가 하는 모든 일에 자기가 하는 일이라는 의식이 없어져야 한다.   -오강남의 『도덕경』에서-

도는 생각이 비워진 자리에 있다

도(道)는 더는 것이고 비움이다.
비우면 고요해지고, 고요하면 알게 된다.
학문은 더하는 것이고 채움이다.
채우면 미혹되고, 미혹되면 알지 못한다.
비운 자는 있는 그대로를 보고
채운 자는 생각을 통해서 본다.
성인은 비워서 고요해진 존재다.
『도덕경』은 비워서 고요해진 성인의 말씀이다.
비운 자의 말씀은 비워야 들리고
고요해야 말뜻이 내면으로 들어온다.

도(道)는 '나'의 부재(不在)다.
'나'가 사라지면 전체가 한눈에 들어온다.
'나'가 사라진 성인은 자신의 이익을 뒤로 물리며
전체의 이익 됨을 자신의 이익으로 여긴다.
하지만 도가 없는 중생은 자신의 이익만을 챙긴다.
그 생각이 빠르고 기민하게 움직이지만
전체를 볼 수 없으니 도의 뜻을 역행하다가 죽게 된다.

도의 참뜻을 외면하는 자와 도로써 살지 않는 자는
도를 해도 '도'가 되지 않고 도를 알아도 중생일 뿐,
제 근성(根性)을 비우지 못하니 삶도 달라지지 않는다.
도는 생각이 비워진 자리에 있기 때문이다.

제49장

무상심(無常心)이 천심(天心)이다

성인의 마음은 늘 비어 있어(자기 마음이 없어)

□ 성인은 '바꿈'을 중시하고 '따름'을 귀하게 여기니 마치 일정한 마음이 없는 것 같다. -하상공-

聖人無常心
성인무상심

백성의 마음을 자신의 마음으로 삼으니(백성의 마음에서 허물을 보지 않으니)

□ 성인은 백성의 마음이 편하게 여기는 바에 말미암아서 그대로를 좇아 따른다. -하상공-

以百姓心爲心
이백성심위심

성인은 선한 사람도 선하게 대하고

善者 吾善之
선자 오선지

선하지 않은 사람도 선하게 대한다.

不善者 吾亦善之
불선자 오역선지

그리하여 선의 덕을 얻지만
□ 대상을 구분하는 선행으로는 덕이 쌓이지 않는다.

德善
덕선

미더운 자에게도 믿음으로 대하고

信者 吾信之
신자 오신지

미덥지 않은 자에게도 믿음으로 대하니

不信者 吾亦信之
불신자 오역신지

믿음의 덕을 얻는다.

德信
덕신

○ 성인은 항상 숨만 쉬고 있는 것 같지만

聖人 在天下 歙歙
성인 재천하 흡흡

○ 천하를 위하는 그의 마음은 천하와 하나가 된다.

爲天下 渾其心
위천하 혼기심

○ 백성들은 (도움을 바라고) 성인에게 이목을 집중하지만
□ 성인은 중생들이 볼 수 없는 것을 보고 듣지 못하는 것을 들으니 중
생들이 매달린다. 하지만 중생들에게 필요한 것은 성인을 본받는 것이
아니라 그들이 다급할 때 성인의 도움을 받는 것뿐이다.

百姓皆注其耳目
백성개주기이목

○ 성인은 백성들이 어린아이와 같이 (순수한 사람이)
되는 것을 도와줄 수 있을 뿐이다.

□ 진실로 너희에게 이르노니 너희가 돌이켜 어린아이들과 같이 되지
아니하면 결단코 천국에 들어가지 못하리라. 그러므로 누구든지 이 어
린아이와 같이 자기를 낮추는 그이가 천국에서 큰 자니라. (마태복음18
장 3~4절)

聖人皆孩之
성인개해지

성인은 무상심(無常心)이 심(心)이다

무상심이란 '항상 마음이 없음'이다.
즉, 마음이 늘 비어 있다는 것이다.
하지만 무상심은 바라고 간직하는 것이 없고
맺히는 것이 없으니 몸을 살리게 되고
상심(常心 = 비우지 못한 마음)은 바라고
간직하는 것이 많고 맺히는 것이 허다하니
몸을 죽이게 된다.

중생들은 무상심을 알지 못한다.
중생들이 성인의 말씀을 이해할 수 없는 것은
상심으로 말씀을 듣기 때문이고
자신들의 생각이 더 옳게 느껴지는 것은
상심으로 무상심을 판단하기 때문이다.
그렇기 때문에 성인이 사는 길을 일러주면
죽는 길을 가르치는 것 같고
이익이 되는 길을 알려주면
손해를 보라고 하는 것 같이 들리게 되는 것이다.
그렇게 될 수밖에 없는 것은

중생은 자신의 생각과 보이는 것만을 좇고
성인은 빈 마음과 도를 좇기 때문이다.
하지만 무상심과 상심은 하늘과 땅의 차이며
생과 사를 결정하는 법과 다름이 없다.

제50장
신(神)을 기른 자는 죽음이 물러간다

빠져나오면 살고 들어가면 죽는다.

□ '빠져나옴'은 세상을 등지는 것이 아니라, 오직 가지고 더해야만 산다는 대중의 믿음에서 빠져나옴을 의미한다.

出生入死
출생입사

생(生)의 원인이 열 셋이면 사(死)의 원인도 열 셋이다.

□ 사는 길이라 믿고 있는 세상의 모든 길에는 죽음이 숨어 있다.
□ 화는 복이 기대는 곳이고 복은 화가 숨는 곳이다.

生之徒十有三 死之徒十有三
생지도십유삼 사지도십유삼

사람들이 삶을 향해 나아간다 하지만 실제로는 사지(死地)를 향해 움직이고 있으니, 사는 길이 곧 죽는 길이며 그 길 또한 열 셋이 되는 것이다.

人之生 動之死地亦十有三
인지생 동지사지역십유삼

그것은 대저 무슨 까닭에서인가?

夫何故
부하고

(삶이 사지에 이르는 길이 되고 마는 것은) 사람들이 삶을
너무 두텁게 살기 (삶에만 몰두하기) 때문이다.

□ 사람들이 오래 살지 못하는 이유는 생에서 구하는 것이 너무 많고
살아가는 일에 끊임없이 의미를 부여하기 때문이다.

以其生生之厚
이기생생지후

듣기에, 자신의 생명을 잘 기르는 자는

蓋聞善攝生者
개문선섭생자

육지를 다녀도 외뿔소나 호랑이를 만나지 않고

陸行不遇兕虎
육행불우시호

전쟁터에 나가도 갑옷과 병기의 해를 입지 않는다고 한다.

入軍不被甲兵
입군불피갑병

외뿔소는 그 뿔로 들이받을 곳이 없고

兕無所投其角
시무소투기각

호랑이는 그 발톱으로 할퀼 곳이 없으며

虎無所措其爪
호무소조기조

병기는 그 예리한 날을 갖다 댈 곳이 없다고 한다.

兵無所容其刃
병무소용기인

그것은 대저 무슨 까닭에서인가?

夫何故
부하고

그에게는 들어갈 사지(死地)가 없기 때문이다.
□ 죽음의 땅은 외부에서 만들어지는 것이 아니라 자신이 스스로 만드
는 것이다.

以其無死地
이기무사지

쉬어가기

사는 일에 몰두하면 오래 살지 못한다

사람들이 생명을 기르지 않고, 부자 되기에만 골몰하는 것은
죽음을 앞당기고자 애쓰는 일과 같다. 그럼에도 불구하고 돈과
목숨을 교환해도 좋으니 부자만 되면 소원이 없겠다는 사람들
이 너무 많다. 하지만 자신이 무엇 때문에 부자가 되려고 하는
지 아는 사람은 없다.

여타의 번역서들을 보면 '십유삼(十有三)'을 '열에 셋(10분의
3)'으로 해석한 책이 있으나 이 장의 '십유삼'이 열셋으로 해석
되어야 하는 이유는 다른 장에 나와 있다.

즉, 58장의 '화는 복이 기대는 곳이요, 복은 화가 숨는 곳이
다.'라는 말씀과 이 장의 '사는 길이 열셋이면 죽는 길도 열셋
이다.'라는 말씀은 의미에서 동일하다.

그러므로 '십유삼'은 열 셋으로 해석되어야만 이 장에서 성인
이 전달하고자 했던 의미가 선명하게 드러난다.

'사는 길이 곧 죽는 길이며 똑같이 열셋이다.'라고 한 성인의
말씀은 사지(死地)에서 빠져나와 '사는 길'을 찾으라는 말씀이
지만 옛날이나 지금이나 어리석은 중생들은 귀를 막는다. 말씀

자체가 황당하거니와 그런 말씀을 따르다가는 살지 못할 것 같기 때문이다.

하지만 중생들은 성인의 말씀을 무시한 결과 변을 당하고 죽는다는 것을 알지 못한다. 중생들은 오히려 성인이 자신들의 말과 뜻을 따라주기를 바라니 말씀의 소중함을 알지도 못하고 실천할 수도 없다.

성인이 말씀한 '선섭생자'는 죽음의 땅(사지死地)이 없는 사람이며, 그가 죽음을 만나지 않는 이유는 신(神 = 생명)을 길렀기 때문이다.

이 장의 결론이자 성인이 전하고자 했던 뜻은, 죽음의 땅은 밖에 있지 않고 자기 안에 있으니 진정 살기를 바라는 자는 재물을 탐하거나 사는 일에 너무 몰두하지 말고 신을 기르라는 것이다.

이 가르침을 달리 표현하면, "자신의 몸이 생지가 되면 저절로 삶을 좇게 되고, 사지가 되면 살아 있어도 죽음을 좇게 된다. 이를 아는 것이 '사는 길'이며, 그 길은 도에 있다."는 것이다.

□ 참고: 십유삼(十有三)은 '열 하고도 셋'이란 뜻이다. 조선 영조시대의 '승정원일기'에는 이런 구절이 있다. 그 구절이 "伏以 犬馬之齒(복이 견마지치) 今六十有六矣(금육십유육의)"인데, 해석하면 '삼가 아뢰옵니다. 미천한 신의 나이가 지금 66세가 되었습니다.'가 된다.

제51장
큰 덕은 드러나지 않는다

도는 낳고

道生之
도생지

덕은 길러주니

德畜之
덕휵지

만물이 형체를 부여받고

物形之
물형지

저마다 무리를 이룬다.

勢成之
세성지

그런 까닭에 만물은 어느 것이나 도를 받들지 않는 것이 없
고 덕을 소중히 여기지 않는 것이 없다.

是以萬物莫不尊道而貴德
시이만물막부존도이귀덕

도와 덕이 존귀한 것은, 존귀하라고 누가 명령했기 때문이
아니라 도와 덕 자체가 본디 그러한 것이기 때문이다.

道之尊 德之貴 夫莫之命而常自然
도지존 덕지귀 부막지명이상자연

그러한 즉, 도는 낳고 덕은 길러, 만물을 자라게 하고 완숙
케 하며 보살피고 감싸 안을 뿐이므로

故道生之 德畜之 長之育之 亭之毒之 養之覆之
고도생지 덕휵지 장지육지 정지독지 양지복지

살게 하지만 소유하지 않고

生而不有
생이불유

위하기만 하지 의지하지 않으며

爲而不恃
위이불시

길러주되 주재하지 않으니

長而不宰
장이부재

이를 가리켜 '현묘한 하늘의 덕'이라고 한다.
□ 현묘한 하늘은 도를 말한다.

是謂玄德
시위현덕

제52장
천하의 어머니를 지키고 따르면

천하는 시작이 있으니

天下有始
천하유시

그 시작을 '천하의 어머니'라고 한다.

以爲天下母
이위천하모

그 어머니를 깨달았으면 그 자식을 알아야 하고

旣得其母 以知其子
기득기모 이지기자

그 자식을 알았으면 다시 그 어머니를 모시고 지켜야 하는
것이니

旣知其子 復守其母
기지기자 부수기모

그리하면 몸이 다할 때까지 위태롭지 않다.

沒身不殆
몰신불태

(그 어머니를 지켜서)
(덧없는 것들을 좇는) 구멍을 막고
□ 눈, 귀가 일으키는 욕망에 현혹되지 않는다.
□ 보고 듣는 모든 것은 본래 무(無)이다.

塞其兌
색기태

문을 닫으면

閉其門
폐기문

종신토록 수고롭지 않을 것이다.

□ 세상의 덧없는 것들에 의해 희생되지 않는다.

終身不勤
종신불근

(하지만) 그 구멍을 열어놓고

□ 그 어머니를 모르면 끝없는 욕망을 좇다가 죽게 된다.

開其兌
개기태

욕망을 좇아 계속 일을 벌인다면

濟其事
제기사

종신토록 구제받지 못한다.

□ 죽을 때까지 한 시도 편할 날이 없을 것이다.

終身不救
종신불구

'밝음'이란 '지극한 작음(도)'을 아는 것이고

見小曰明
견소왈명

'강함'은 '온유함'을 지키는 것이다.
□ 온유함은 도의 성품이다.

守柔曰强
수유왈강

그러므로 그(도) 빛을 사용하여

用其光
용기광

영원한 밝음으로 되돌아가면

復歸其明
복귀기명

몸에 어떤 재앙도 남지 않을 것이니

無遺身殃
무유신앙

이를 가리켜 상(常 = 영원)을 익혔다고 한다.
□ 도를 끌어안으면 육신의 병과 위험이 물러간다.

是爲習常
시위습상

어머니를 지키고 따른다 함은

어머니(도)를 알고
어머니(도)에게로 돌아가는 것이다.
죽어서 돌아가는 것이 아니라
살아서 돌아가는 것이다.

돌아감은,
어머니(도)를 지키고 따르는 것이며
언제나 함께하는 것이다.

도와 함께하는 일은
생의 짐을 벗는 것이며
생의 짐을 벗은 자는
세상 속에 있으나 세상에 있지 않고
삶을 살지만 삶 속에 있지 않다.

욕심이 없으니 번뇌가 없고
만족을 아니 다툼이 없으며
채우려 하지 않으니 도리어 넉넉해진다.

도를 아는 자는 몸이 다할 때까지
위태롭지 않다.

제53장
인생이 험로라면 도는 탄탄대로다

○ 만약 사람들이 조금이라도 참된 지혜가 있다면 대도의 길을 가려 할 것이고

□ 이 문장에서 아(我)는 '나'라는 뜻이 아니라 '내가 만약 그들이라면' 또는 '만약 그들이 나라면'이란 의미다.

使我介然有知 行於大道
사아개연유지 행어대도

○ 오직 (대도에서) 떠나기를 두려워할 것이다.

唯施是畏
유시시외

사람들은 대도의 길이 지극히 평탄함을 모르니

□ 도에서 삶을 구하는 자의 길은 탄탄대로이지만

大道甚夷
대도심이

언제나 지름길(샛길)로 다니기를 좋아한다.

□ 세상에서 삶을 구하는 자의 길은 좁고 굴곡이 많다.

而民好徑
이민호경

(도가 없는 세상의 모습은 아래와 같다.)

조정은 아주 으리으리하지만

朝甚除
조심제

백성의 논밭은 잡초가 무성하고

田甚蕪
전심무

곳간은 비어 있다.

倉甚虛
창심허

벼슬아치들은 수를 놓은 비단 옷을 입고

服文綵
복문채

허리에는 예리한 칼을 차고

帶利劍
대리검

배가 터지도록 먹어 음식이 물릴 지경이고 재물은 남아도니

厭飮食 財貨有餘
염음식 재화유여

이를 가리켜 '도둑질을 과시하는 것'이라고 한다.

是謂盜夸
시위도과

그것은 참으로 도가 아닌 것이다.

非道也哉
비도야재

제54장
중생들은 도와 삶을 분리시킨다

잘 세운 것은 뽑히지 않고

善建者不拔
선건자불발

잘 안은 것은 품을 벗어나지 않으니

善抱者不脫
선포자불탈

○ (그와 같이) 자손이 도를 잘 끌어안으면 선조의 제사가
끊어지지 않는다.

□ 도를 닦은 자손들이 장생불사하여 선조의 제사가 길이길이 이어진
다. 도의 빛은 자손(살아 있는 자)을 통해 조상(망자亡者)에게 전달된다.

子孫以祭祀不輟
자손이제사불철

이 도(道)로 몸을 닦으면 그 덕에 의해 진인이 되고

修之於身 其德乃眞
수지어신 기덕내진

이 도로 집안을 닦으면 그 덕으로 집안에 경사가 넘치게 되며

□ 도로 집안을 닦으면 아버지는 자애롭고 자식은 효도하며 형은 우애
있고 동생은 순종하며 남편은 믿음직스럽고 아내는 정숙하게 된다. 그
덕이 이와 같으면 곧 경사가 넘쳐 후세 자손에게까지 미치게 된다.

−하상공−

□ 도의 덕은 닦는 사람에게만 임하는 것이 아니다.

修之於家 其德乃餘
수지어가 기덕내여

이 도로 마을을 닦으면 그 덕이 멀리까지 미치고

修之於鄕 其德乃長
수지어향 기덕내장

이 도로 나라를 닦으면 그 덕이 나라를 풍성하게 하며

修之於國 其德乃豊
수지어국 기덕내풍

천하를 닦으면 그 덕이 천상천하에 두루 미치게 된다.
□ 천하 사람이 닦으면 그 덕이 천상천하에 두루 미친다.

修之於天下 其德乃普
수지어천하 기덕내보

그러므로 몸으로 몸을 살필 수 있고
□ 도를 닦은 몸과 닦지 않은 몸의 차이를 알게 된다. 도를 지닌 몸은
장생불사의 은택을 입는다.

故以身觀身
고이신관신

집안으로 집안을 살필 수 있으며
□ 도가 있는 집안과 없는 집안의 차이를 알게 되며

以家觀家
이가관가

마을로 마을을 살필 수 있고
□ 도가 있는 마을과 없는 마을의 차이를 알게 되고

以鄕觀鄕
이향관향

나라로 나라를 살필 수 있으며
□ 도가 있는 나라와 없는 나라의 차이를 알게 되며

以國觀國
이국관국

천하로 천하를 살필 수 있다.
□ 천하에 일어나는 일로 천하 사람들의 마음을 안다.

以天下觀天下
이천하관천하

내 무엇으로 천하의 일이 그런 줄 아는가? 이것(위의 사실)에 의해서다.

吾何以知天下之然哉 以此
오하이지천하지연재 이차

□ 참고: 도와 인연이 되어, 그 도의 빛으로 마음을 밝힌 사람은 병들거나 화를 냄으로써 가족의 마음을 심란하게 하지 않는다. 그는 가족의 몸, 마음을 밝게 할 뿐 아니라 이웃의 빛이 되며 세상의 빛이 된다.
그 빛으로 9족이 구원받고 3대가 복을 받지만 사람들은 도를 모르니 그 큰 덕을 알 리가 없다.

그럼에도, 도를 모르는 사람들은 도를 자신의 잣대로 해석한다. 그런 사람들은 도에 바치는 시간을 낭비라고 생각하며 도를 섬기는 일이 삶의 안정을 얻는 길이 아니라, 자아를 구속하는 감옥으로 해석한다. 하지만 그것은 상황을 거꾸로 인식하는 것이며 자신 스스로 도와의 인연을 단절하는 것이다.

옛날 왕가(王家)에서 한 아들을 출가시킨 풍습은 도를 아는 사람들의 지혜에서 비롯되었다. 왕가의 인척이 아닌, 왕자를 직접 출가시킨 것은 그가 선지식을 만날 때 9족이 구원을 받고, 그 여덕으로 백성에게 선정을 베풀 수 있었기 때문이다.

결국 도의 은택은 지혜로운 자만이 얻을 수 있는 것이다.

제55장
덕이 풍부한 사람은 갓난아이와 같다

덕을 풍부히 지닌 사람은

含德之厚
함덕지후

갓난아이에 비유할 수 있다.
□ 그는 갓난아이처럼 마음이 순수하며 몸은 부드럽다.

比於赤子
비어적자

벌과 전갈이 쏘지 않고 뱀도 물지 않으며

蜂蠆虺蛇不螫
봉채훼사불석

맹수가 달려들지 않고 사나운 새가 낚아채지 않는다.

□ 갓난아이는 사물을 해치지 않고 사물 또한 갓난아이를 해치지 않는다. 태평시대에는 신분의 귀천에 관계없이 모든 사람이 어진 마음을 지니게 된다. 그리하여 남을 해치는 사물은 그 근본으로 돌아가 순해지고 독을 지닌 동물은 사람을 상하게 하지 않는다. -하상공-

猛獸不據 攫鳥不搏
맹수불거 확조불박

갓난아이는 뼈가 약하고 근육이 부드럽지만 잡는 힘은 세고

骨弱筋柔而握固
골약근유이악고

아직 암수가 교합하는 것을 모르지만 고추가 발기하는데, 이는 몸에 정(精)이 지극하기 때문이다.

□ 정(精)은 생명에너지다. 정의 소모가 과다하면 뼈와 신경이 약해지고 노화가 빨라진다. 정을 가장 많이 소모하게 하는 것은 잠시도 쉬지 않는 마음이다. 정은 무욕(無欲)의 보상이며 마음을 비움으로써 보존된다. 하지만 사람들은 유욕(有欲)으로 살아간다. 무엇이 사는 길인지 죽는 길인지도 모르고 오직 '많이 가지는 것'만이 사는 길이라 믿으며 온갖 것에 마음의 촉수를 뻗친다.

未知牝牡之合而朘作 精之至也
미지빈모지합이최작 정지지야

(갓난아이는) 종일 울어도 목이 쉬지 않으니, 이는 몸에 화기(和氣)가 지극하기 때문이다.

□ 화기(和氣): 근원과 하나 되는 기운, 천지만물을 근원과 이어주고 만물이 서로 조화를 이루게 하는 기운이다. 이를 무(無)의 화기라고도 한다.

終日號而不嗄 和之至也
종일호이불사 화지지야

화기(和氣)를 알면 상(도가 늘 행하는 것)을 알게 되고

知和曰常
지화왈상

상을 알면 지혜가 밝아진다.

知常曰明
지상왈명

생을 더하는 일을 상서롭다 하지만

益生曰祥
익생왈상

(억지로 생을 더하려고) 마음이 기를 쓰면 몸은 날마다 굳
어진다.

□ 살기 위해 마음을 지나치게 쓰면 몸에서 화기가 떠난다. 그 결과 오
히려 빨리 죽거나 생의 고통을 더하게 된다. 그러므로 생을 더하고자
하면 오직 마음을 비워야 한다. 생명의 근본인 화기는 고요하고 빈 마
음에 머문다. 화기가 충실하면 몸이 늙지 않는다.

心使氣曰强
심사기왈강

사물이 장성하면 늙는다고 하나

物壯則老
물장즉노

그런 것은 도가 아니다.

謂之不道
위지부도

도를 얻지 못하면 일찍 죽는다.

不道早已
부도조이

제56장
도와 하나 된 사람은?

아는 자는 말하지 않고

知者不言
지자불언

말하는 자는 알지 못한 것이다.

言者不知
언자부지

(그러므로 도를 아는 자는) 구멍을 막고 문을 닫아서
□ 세상의 덧없는 것들에 의해 마음이 현혹되지 않는다.

塞其兌 閉其門
색기태 폐기문

마음의 예리함을 꺾고

挫其銳
좌기예

마음에 얽힌 것을 풀어

解其紛
해기분

영원한 도의 빛과 하나가 되며

和其光
화기광

티끌 같은 세상과도 하나가 되니

同其塵
동기진

이를 가리켜 '현묘한 하나 됨'이라고 한다.

是謂玄同
시위현동

그런 까닭에 (도와 하나 된 사람은) 사사로이 친할 수도 없고

故不可得而親
고불가득이친

그렇다고 멀리할 수도 없으며

不可得而疏
불가득이소

이익을 좋게 할 수도 없고

不可得而利
불가득이리

해롭게 할 수도 없거니와

不可得而害
불가득이해

귀함을 좋게 할 수도 없고

不可得而貴
불가득이귀

천함을 좋게 할 수도 없다.

不可得而賤
불가득이천

그런 까닭에 천하가 귀하게 여기는 사람이 되는 것이다.

故爲天下貴
고위천하귀

제57장
무사(無事)로 천하를 다스림

'바름'으로 나라를 다스리고

以正治國
이정치국

'기발함'으로 용병을 한다 하지만

以奇用兵
이기용병

천하는 무사(無事)로 다스려야 한다.
□ 자꾸 일을 만들고 벌여서 다스리려 하지 말고 백성을 편하고 자연스
럽게 살도록 해 주어야 한다.

以無事取天下
이무사취천하

내 어찌 그렇다는 것을 아는가? 아래의 것들에 의해서다.

吾何以知其然哉 以此
오하이지기연재 이차

천하에 꺼리거나 두려워서 피해야 하는 것들이 많을수록
백성은 더욱 가난해지고

□ 악법, 부역, 과다한 세금은 백성의 고혈을 짜는 일이다.

□ 기휘(忌諱): 꺼리거나 두려워 피함

天下多忌諱而民彌貧
천하다기휘이민미빈

○ 백성을 이롭게 한다는 기물이 많을수록 국가는 더욱 어
둠 속으로 빠져들고

□ 이기(利器)란 국가의 기물로서 명분상으로는 민익(民益)을 위하지
만 실제로는 집권층의 통치를 유지하기 위한 법령이나 제도, 군대 따위
를 말한다.

民多利器 國家滋昏
민다이기 국가자혼

사람들의 꾀와 기교가 늘어날수록 기이한 일들은 더 많이
생겨나고

□ 세상의 모든 일은 인간의 마음과 보이지 않는 세계의 작용이며, 보
이는 모든 것들은 보이지 않는 것이 빚어낸 산물이자 결과다.

□ 物(물): 사물, 일

人多伎巧 奇物滋起
인다기교 기물자기

법령이 엄하고 요란할수록 도적은 더욱더 많아진다.

法令滋彰 盜賊多有
법령자창 도적다유

그러므로 성인이 이르기를

故聖人云
고성인운

(군주가) 작위함이 없으면 백성은 저절로 교화되고

□ 여기서 아(我)는 성인이 아니라 '군주 자신'을 뜻한다.

我無爲而民自化
아무위이민자화

(군주가) 고요히 있음을 좋아하면 백성은 저절로 바르게 되며

我好靜而民自正
아호정이민자정

(군주가) 일을 만들지 않으면 백성은 저절로 부유해지고

我無事而民自富
아무사이민자부

(군주가) 욕심 없이 있으면 백성은 저절로 순박해질 것이라
고 했다.

我無欲而民自樸
아무욕이민자박

제58장
무엇이 선이고 무엇이 악인가?

정치가 어수룩하면(무위로 정치함)

☐ 민민(悶悶): 무엇을 한다고 내세울 것 없이 그저 온후한 상태

其政悶悶
기정민민

백성은 인정이 많고 순박해지며

其民淳淳
기민순순

정치가 빈틈이 없고 까다로우면

☐ 찰찰(察察): 밝게 살핌

其政察察
기정찰찰

백성은 인정이 메마르고 각박해진다.

其民缺缺
기민결결

화는 복이 기대는 곳이요

禍兮 福之所倚
화혜 복지소의

복은 화가 숨는 곳이다.

福兮 禍之所伏
복혜 화지소복

(그러한 즉) 누가 화복(禍福)의 끝을 알겠는가?

孰知其極
숙지기극

절대적인 '바름'이란 없는 것이니

其無正
기무정

'바름'은 다시 '기이함'으로 변하고

□ '바름'의 기준은 상황에 따라 변한다.

正復爲奇
정부위기

'선'은 다시 '요상한 것'이 되어버리니

□ 인간에게 선, 악이 따로 있는 것이 아니다. 천하가 바라는 일도 자신에게 좋고 이익이 되면 선이고, 싫고 손해가 되면 악이다.

善復爲妖
선부위요

사람들의 미혹이 오랜 세월에 걸쳐 견고해진 탓이다.

□ 인간의 마음이 오랜 세월 미혹에 빠져 있어 무엇이 참인지 거짓인지, 진실로 옳고 그른 게 무엇인지 분간을 못하기 때문이라는 것이다.

人之迷 其日固久
인지미 기일고구

이 때문에 성인은 스스로 방정(方正)하되 남의 언행을 비난하지 않고

□ 방정(方正): 말과 행동이 바름

是以聖人方而不割
시이성인방이불할

청렴하되 남을 다치게 하지 않으며

廉而不劌
염이불귀

곧지만 방자하지 않으며

直而不肆
직이불사

빛을 발하지만 그 빛으로 눈이 부시게 하지 않는다.

光而不耀
광이불요

제59장
도는 무한정 오래 살게 한다

백성을 다스리고

治人
치인

하늘을 섬기는 일은

事天
사천

'아낌'만한 것이 없다.
□ 소중히 여기어 함부로 하지 않는다.

莫若嗇
막약색

○ 무릇 오직 백성과 하늘을 아끼는 일은

夫唯嗇
부유색

○ 무엇보다 먼저 도를 우선하고 따르는 일이 되니

是謂早服
시위조복

○ 도를 따르고 우선하는 군주는 덕을 거듭 쌓게 된다.
□ 도를 받드는 사람은 이 세상에 없는 것을 얻는다.

早服 謂之重積德
조복 위지중적덕

덕을 거듭 쌓으면 이기지 못할 것이 없고

重積德 則無不克
중적덕 즉무불극

이기지 못할 것이 없는 그 덕의 끝은 그 누구도 알 수 없다.

無不克 則莫知其極
무불극 즉막지기극

끝을 알 수 없을 정도의 덕이라면 가히 나라를 소유할 만하고

莫知其極 可以有國
막지기극 가이유국

그러한 덕의 근원(모母)이 있는 나라는 영원할 수 있으니
□ 덕의 근원은 도다.

有國之母 可以長久
유국지모 가이장구

이를 일러 뿌리가 깊고 밑동이 견고한 나무라고 한다.

是謂深根固柢
시위심근고저

이와 같이 '영원히 살게 하는 것'이 도인 것이다.

長生久視之道
장생구시지도

장생불사의 길은 몸이 아닌 의식에 있다

죽음은 결코 자연스러운 일이 아니다.
그 이유를 알기 위해 깊이 사색할 필요는 없다.
죽음이 자연스러운 일이라면,
우리가 그토록 죽음을 두려워하거나
회피하려 하지 않을 것이고,
사랑하는 이를 떠나보내면서 가슴 찢어지는
비통함을 느끼지 않을 것이기 때문이다.

분명한 사실은,
죽음은 자연스러운 일도 당연한 일도 아니며
죽음을 통해 얻을 것은 아무것도 없다는 것이다.
죽음은 그런 것이기에, 그 어느 누구도
죽지 않으려고 하는 것이다.

그 모두가 죽음만은 피하고 싶어 하는 것은
단지 두렵다거나 죽음이 미지의 세계라서
그런 것만은 아니다.
거기에는 더 깊은 이유가 있다.

죽음이 결코 내키지 않는 일인 이유는
죽음이란, 우리가 죽을 수 없는 존재라고 외치는
영혼의 소리를 애써 외면하는 것이고
죽지 않는 몸을 만드신 하나님의 계획이
산산조각나는 것이 죽음이기 때문이다.
우리가 죽음을 거부하는 근본 이유는
거기에 있다.

장생과 불사는 선택이 아니라
우리의 최초 탄생 때부터 받은 권리다.
그 권리는 우리가 인정해야만 실현된다.
인류가 지금부터라도 장생불사를 권리로 인정한다면
그 일은 우리의 현실이 될 수 있다.

하지만 인류는 죽음에 관해 어떤 의문의심도
가지지 않는다.
죽음에 대한 인류의 신념이 장생불사의 가장
큰 걸림돌이란 것을 모르기 때문이다.
뿐만 아니라, 사람들의 이율배반적인 태도(속으로는
털끝만큼도 죽고 싶은 생각이 없으면서 겉으로는
죽음에 초연한 태도를 취하는 것) 역시 죽음의 유지에
한 몫을 한다.

인류의 신념은 현상을 만들고 유지한다.
인류가 만들고 나타낸 현상들은 그것을 만든
신념이 변화하지 않으면 사라지지 않는다.
신념에너지는 워낙 견고하여
인류가 죽음의 신념을 놓아버리지 않는 한,
과학과 의학은 장생불사를 실현시키지 못한다.
장생불사는 생화학적 차원이 아니라
의식차원에서 풀어야 할 과제이기 때문이다.

그럼에도 불구하고 인류의 신념은
하루아침에 변화하는 것이 아니다.
장생불사가 천부의 권리임을 깨달은 이는
결국 세상이 가지 않는 길을 찾을 수밖에 없다.
이유를 막론하고 지금도 사람이 죽어가는 것은
다른 선택의 여지가 없기 때문이다.
하지만 만약 죽음과 멀어지는 길이 있다면
사람들은 어떤 대가를 치르고서라도
그 길을 잡으려 할 것이다.

그 길은 도이며
도만이 우리를 사지(死地)에서 빠져나오게
할 수 있기 때문이다.
노자는 그 도를 먹고 산 성인이었다.

제60장
도의 위력

대국을 다스리는 일은 마치 작은 물고기를 요리하는 것 같이 한다. (즉, 도에 의한 정치를 해야 한다)

□ 작은 물고기를 요리할 때 창자와 비늘을 제거하거나 함부로 뒤적거리지 않는 것은 물고기가 문드러지기 때문이다. -하상공-

□ 대국일수록 도에 의한 무위의 정치를 하라는 뜻이다.

治大國 若烹小鮮
치대국 약팽소선

도로써 천하에 임하면 귀신이 나쁜 신력을 드러내지 않는다.

以道莅天下 其鬼不神
이도리천하 기귀불신

귀신이 나쁜 신력을 드러내지 않을 뿐 아니라, 사람을 상하게 하지 않는다.

非其鬼不神 其神不傷人
비기귀불신 기신불상인

귀신이 사람을 상하게 하지 않을 뿐 아니라, 성인 또한 사람
을 상하게 하지 않으니

非其神不傷人 聖人亦不傷人
비기신불상인 성인역불상인

무릇 양자가 사람을 상하게 하지 않는 까닭에

夫兩不相傷
부양불상상

그 덕이 번갈아 사람에게 돌아간다.

故德交歸焉
고덕교귀언

제61장
대국은 군림하라고 있는 것이 아니다

큰 나라는 강의 하류와 같아서

大國者 下流
대국자 하류

천하가 그곳으로 몰려드니

天下之交
천하지교

(큰 나라는) 천하의 암컷이 된다.
□ 암컷은 새끼를 기르고 포용하는 덕을 지녔다.

天下之牝
천하지빈

암컷은 항상 고요함으로써 수컷을 이기고

牝常以靜勝牡
빈상이정승모

고요함으로써 자신을 낮춘다.

以靜爲下
이정위하

그러므로 대국은 소국에게 자신을 낮춤으로써 소국을 얻게
되고

故大國以下小國 則取小國
고대국이하소국 즉취소국

소국은 대국에게 자신을 낮춤으로써 대국에게 받아들여진다.

小國以下大國 則取大國
소국이하대국 즉취대국

그러므로 혹 낮춤으로써 얻게 되고, 혹 낮춤으로써 받아들
여지게 되는 것이다.

故或下以取 或下而取
고혹하이취 혹하이취

(그렇다고 하더라도) 대국은 타인을 함께 양육하고자할 따름이며

□ 큰 나라는 작은 나라를 거느리고자 할 따름이며

大國不過欲兼畜人
대국불과욕겸휵인

소국은 들어가서 타인을 섬기고자 할 따름이다.

□ 작은 나라는 큰 나라에 속하여 보호를 받고자 할 따름이다.

小國不過欲入事人
소국불과욕입사인

무릇 양자는 각기 그들이 바라는 바를 얻는 것이지만 그렇다 하더라도 대국은 소국 위에 군림하려 하지 말고 마땅히 자세를 낮추어야 할 것이다.

夫兩者各得其所欲 大者宜爲下
부양자각득기소욕 대자의위하

제62장
천하가 도를 귀하게 여긴다

도는 만물의 깊고 아늑한 본향(本鄕)이니

道者 萬物之奧
도자 만물지오

선인에게는 더 없는 보배이며
□ 선인은 도를 아는 사람을 말한다.

善人之寶
선인지보

불선인도 보호받는 곳이다.
□ 불선인은 도를 모르는 사람을 말한다.

不善人之所保
불선인지소보

아름다운 말은 사람을 모을 수 있고

□ 市(시): 저자, 살(買)

美言 可以市
미언 가이시

훌륭한 행위도 사람들에게 더하는 것이 있는데

尊行 可以加人
존행 가이가인

(하물며 도가) 사람이 불선하다 하여 어찌 버리겠는가?

人之不善 何棄之有
인지불선 하기지유

그런 까닭에 천자를 옹립하고 삼공을 배치할 때

□ 삼공(三公): 삼정승

故立天子 置三公
고립천자 치삼공

(그들에게 잘 보이려고) 비록 아름드리 옥을 안고 사두마차
로 달려가 남 먼저 갖다 바친다 해도, 가만히 앉아서 이 도
에 자신을 바치는 것만 못하다.

雖有拱璧以先駟馬 不如坐進此道
수유공벽이선사마 불여좌진차도

옛 사람들이 이 도를 그토록 귀하게 여긴 까닭은 무엇인가?

古之所以 貴此道者 何
고지소이 귀차도자 하

말하지 않아도, 도에게서 구하면 얻게 되고

不曰以求得
불왈이구득

죽을죄를 지어도 도에 의해 죄를 면할 수 있기 때문이다.
□ 도의 빛은 원죄, 유전죄(遺傳罪)도 소멸한다.

有罪以免邪
유죄이면야

그런 까닭에 천하가 이 도를 귀하게 여기는 것이다.

故爲天下貴
고위천하귀

도가 없으면 운명대로 살아야 한다

글 1.

운명은 인간이 근원(도)을 무시하고
스스로 살아보겠다고 작심한 순간부터 맺어온
고생길의 서약과 프로그램이다.
하지만 문서로 맺지 않은 서약은 파기할 수 없고
보이지 않는 프로그램의 각본은 변경할 수 없다.
싫든 좋든 각본대로 살아가야 하는 이유는
그 또한 서약이기 때문이다.

운명 각본에는 두 가지가 포함된다.
이번 생에서 카르마를 청산하기 위한 자신의 역할과
근원으로 돌아가기 위해 이수할 과제가 그것이지만
이를 알고 살아가는 사람은 드물다.

결론만 이야기하면,
운명을 벗는 길은 세 가지가 있다.
그 하나는 이번 생을 각본대로 살다가

운명을 벗는 것이다.
그 길은 육체의 죽음이며, 시간이 해결해 준다.
다른 하나는 오직 주고 베푸는 삶을 사는 것이다.
그것은 이번 생의 운명을 개선하는 일이다.
마지막으로는, 전(全) 생애의 운명을 벗는 것이다.
그 길은 근원(도)으로 돌아가는 것이다.
하지만 어느 쪽이든 선택은 자신의 몫이다.

'도를 품으라.'고 한 성인의 말씀은
지나가는 말이 아니다.
극단적인 운명은 미리 안다고
피할 수 있는 것이 아니라
도를 섬김으로써 빠져나올 수 있다.
그것은 '도' 말고는 운명의 덫을 깨뜨릴
도구가 없기 때문이다.

글 2.

인과(因果)는 운명의 기초공식이다.
그것은 콩 심은 데 콩 나고
팥 심은 데 팥이 나는 법칙이며
뿌린 대로 거두는 법칙이다.

사람들이 알든 모르든 간에
이 세상은 시시각각
인과의 법칙에 의해 돌아가고 있다.
하지만 이 법칙을 망각한 사람들은
뿌리지 않은 것도 거두기를 바라며
어떤 이는 눈앞의 이익에 급급하여
거짓말을 밥 먹듯이 하며
어떤 이는 지난날의 분풀이를 위해
수단방법을 가리지 않지만
결국엔 제 손으로 자기 눈을 찌르는
일에 지나지 않는다.
선과(善果)도 악과(惡果)도
그 모두가 자신이 뿌린 것을 거두는 것이니
이 이치를 무시하면 또 다시 뿌린 것을
거두어야 하기 때문이다.

이를 '업의 윤회'라고 하지만
업의 주체는 언행이 아니라 마음이다.
선업과 악업은 말과 행동 이전에
마음에서 결정되는 것이니
악업을 짓지 않으려면 마음을 비워야 한다.
그것은 마음이 무(無)가 되는 것이다.
마음이 무가 되면 선행은 오롯이 덕이 되며

자신을 해롭게 하는 것들과 만나지 않는다.
하지만 마음이 무가 되지 못하면
악업만 짓게 된다. 그것은 왜인가?
주고 베푼 것에 대한 보답을 기대하고
보답을 기대하고 주고 베풀며
사람과 사물의 나쁜 점만 되새기기 때문이다.
하지만 마음이 무가 되는 것은
자력으로 되지 않으니
오직 도를 얻는 것밖에 다른 길이 없다.

제63장
쉬운 일 어려운 일이 따로 없다

나 없이, 욕심 없이 행한 것만이 참된 '행'이고

爲無爲
위무위

나 없이, 욕심 없이 일한 것만이 참된 일이며

事無事
사무사

뜻이 없는 것이 참뜻이다.
□ 도와 하나가 되면 무위, 무사, 무미가 저절로 따라온다.
□ 미(味): 맛, 기분, 뜻, 의의

味無味
미무미

크든 작든, 많든 적든

大小多小
대소다소

원한은 덕으로 갚아야 한다.
□ 덕의 최종 수혜자는 자기 자신이다.

報怨以德
보원이덕

어려운 일은 쉬운 데서부터 도모하고

圖難於其易
도난어기이

큰일은 작은 일부터 맑혀나가야 한다.

爲大於其細
위대어기세

천하의 어려운 일도

天下難事
천하난사

반드시 쉬운 일에서부터 이루어지고

必作於易
필작어이

천하의 대사도

天下大事
천하대사

반드시 작은 일이 모여서 이루어지는 것이다.

必作於細
필작어세

그런 까닭에 성인은 끝내 큰일을 한다고 하지 않으니

是以聖人 終不爲大
시이성인 종불위대

그 때문에 오히려 큰일을 이룰 수 있는 것이다.

故能成其大
고능성기대

무릇 가볍게 승낙하는 말은 반드시 믿음성이 적고

夫輕諾必寡信
부경락필과신

아주 쉽게 보이는 일은 반드시 큰 어려움이 따르게 되니

多易必多難
다이필다난

이 때문에 성인은 쉬운 일을 오히려 어렵게 여긴다.

是以聖人猶難之
시이성인유난지

그런 까닭에 끝내 어려운 일이 없는 것이다.

故終無難矣
고종무난의

제64장
천릿길도 한 걸음에서 시작된다

안정된 것은 유지하기 쉬우니
□ 일단 안정된 것은 무너뜨리기가 쉽지 않다.

其安易持
기안이지

조짐을 보이기 전에 손을 쓰면 쉽고

其未兆易謀
기미조이모

취약할 때 깨뜨리기 쉬우며

其脆易泮
기취이반

미세할 때 흩어버리기 쉽다.

其微易散
기미이산

일이 벌어지기 전에 해결하고

爲之於未有
위지어미유

어지럽게 되기 전에 다스려야 한다.

治之於未亂
치지어미난

아름드리나무도 털끝만한 싹에서 생겨나고

合抱之木 生於毫末
합포지목 생어호말

구층의 망대도 한 줌의 흙을 겹쳐 돋운 것이며

九層之臺 起於累土
구층지대 기어누토

천리 길도 발아래서 시작된다.

千里之行 始於足下
천리지행 시어족하

(이러한 이치를 모르고) 이루려고만 하는 자는 실패하고

爲者敗之
위자패지

잡으려고만 하는 자는 잃게 된다.

執者失之
집자실지

성인은 이루고자 하지 않으니 실패하는 일이 없고
□ 성인은 이루고자 하지 않으니 오히려 이루게 되고

是以聖人無爲故無敗
시이성인무위고무패

잡으려고 하지 않으니 잃는 것이 없다.

□ 잡으려고 하지 않으니 오히려 얻게 된다.

無執故無失
무집고무실

사람들이 하는 일을 보면 항상 일이 다 되어갈 무렵에 실패
를 겪는데

民之從事 常於幾成而敗之
민지종사 상어기성이패지

시작할 때처럼 끝까지 신중하면 실패하지 않을 것이다.

愼終如始 則無敗事
신종여시 즉무패사

그러므로 성인은 '욕심 없음'을 욕심내고

是以聖人欲不欲
시이성인욕불욕

얻기 어려운 재화라고 귀하게 여기지 않으며

不貴難得之貨
불귀난득지화

'배우지 않음'을 배워서
□ 세상 사람의 관점과 지식은 더하면 더할수록 '도'와는 멀어진다.

學不學
학불학

○ 뭇 사람들이 지나쳐버리는 곳(도)으로 복귀한다.

復衆人之所過
복중인지소과

○ 그 도를 가지고 인간과 만물이 자연스럽게 살도록 도울 뿐

以輔萬物之自然
이보만물지자연

함부로 무엇을 이루고자 하지 않는다.

而不敢爲
이불감위

제65장

나라를 꾀로 다스리는 것은 해악이다

옛날에 도를 잘한 사람은(군주는)

古之善爲道者
고지선위도자

그 도를 가지고 백성을 영리한 사람이 되도록 하지 않고
□ 明(명): 명민(明敏), 총명(聰明), 똑똑하고 영리함.

非以明民
비이명민

순진무구한 사람이 되도록 하였다.
□ 참되고 순박한 사람이 되도록 가르쳤다.

將以愚之
장이우지

○ (도를 모르는 군주가) 백성을 다스리기 어려운 것은, 잔 꾀를 가지고 다스리려 하기 때문이니

□ 여기서 말하는 지(智)는 참된 지혜가 아니라 지모, 지략과 지행합일 이 안 되는 지식을 말한다.

民之難治 以其智多
민지난치 이기지다

잔꾀로 나라를 다스리면 나라를 망치게 되고

故以智治國 國之賊
고이지치국 국지적

잔꾀로 나라를 다스리지 않아야 나라를 복되게 한다.

不以智治國 國之福
불이지치국 국지복

이 둘의 차이를 알면 하늘의 법도를 아는 것이니

知此兩者 亦稽式
지차양자 역계식

항상 하늘의 법도를 아는 것을 일러 현덕(도의 덕)을 깨쳤다고 한다.

□ 하늘의 법도를 아는 것이 도의 시작이다.

常知稽式 是謂玄德
상지계식 시위현덕

현덕은 참으로 심원하여

玄德 深矣 遠矣
현덕 심의 원의

현덕을 깨친 자는 만물과 더불어 근원으로 돌아간다.

與物反矣
여물반의

근원으로 돌아간 연후에는 큰 흐름(도)을 따르게 된다.

□ 근원은 죽어서 돌아가는 곳이 아니라 살아 있을 때 돌아가야 하는 우리의 영원한 본향이다.

然後乃至大順
연후내지대순

제66장
덕은 낮은 곳에 임한다

강과 바다가 모든 계곡물의 왕이 될 수 있는 것은 낮은 곳에 임하기를 잘하기 때문이다.

江海所以能爲百谷王者 以其善下之
강해소이능위백곡왕자 이기선하지

그러므로 능히 모든 계곡물의 왕이 될 수 있는 것이다.

故能爲百谷王
고능위백곡왕

이러한 까닭에 성인이 백성의 위에 있어야 할 때는

是以聖人欲上民
시이성인욕상민

반드시 말로써 자신을 낮추고

必以言下之
필이언하지

백성의 앞에 있어야 할 때는

欲先民
욕선민

반드시 백성의 뒤로 자신을 물린다.

必以身後之
필이신후지

그러므로 성인이 백성의 위에 있어도 백성은 무거워하지
않고

是以聖人處上而民不重
시이성인처상이민부중

앞에 있어도 방해가 된다고 생각하지 않는다.

處前而民不害
처전이민불해

그리하여 천하가 즐겁게 성인을 추대하지만 아무도 싫어하
지 않고

是以天下樂推而不厭
시이천하락추이불염

그런 일로 다투지도 않는다.

以其不爭
이기부쟁

그런 까닭에 천하가 성인과 다툴 수 없는 것이다.

故天下莫能與之爭
고천하막능여지쟁

제67장

나의 세 가지 보배

○ 세상 사람들은 모두 나의 도가 너무 커서 감을 잡을 수 없다고 말한다.

天下皆謂我道大 似不肖
천하개위아도대 사불초

○ 무릇 오직 한없이 큰 까닭에 감을 잡기 어려운 것이니

夫唯大 故似不肖
부유대 고사불초

만약 감을 잡을 수 있다면, 도는 이미 오래전에 하찮은 것이 되고 말았을 것이다.

若肖 久矣 其細也夫
약초 구의 기세야부

내게는 늘 지니고 있는 세 가지 보배가 있으니

我有三寶 持而保之
아유삼보 지이보지

첫째는 '자애'요,

一曰慈
일왈자

둘째는 '검약'이요,

二曰儉
이왈검

셋째는 '감히 천하 사람을 앞서지 않음'이다.

三曰不敢爲天下先
삼왈불감위천하선

(그렇지만) '자애' 때문에 용감할 수 있고
□ 여기서 자애는 인간의 사사로운 사랑이 아니라, 만물을 기르고 포용

하는 도의 성품이다.

慈故能勇
자고능용

검약하기 때문에 넉넉할 수 있으며

儉故能廣
검고능광

감히 천하 사람을 앞서려 하지 않기 때문에 천하의 어른이
될 수 있는 것이다.

不敢爲天下先 故能成器長
불감위천하선 고능성기장

그러나 오늘의 사람들은 자애는 버리고 용감해지려고만 하고

今舍慈且勇
금사자차용

검약은 버리고 윤택해지려고만 하며

舍儉且廣
사검차광

뒤로 물러남은 버리고 앞서려고만 하니

舍後且先
사후차선

(결국) 죽을 수밖에 없는 것이다.
□ 사람들은 남을 앞지르고 상대를 누르기 위해 기를 쓰는 것이 죽음의
길인 줄 모른다.

死矣
사의

무릇 자애로 싸우면 승리하게 되고, 자애로 지키면 견고할
지니
□ 자애로 싸운다 함은 서로의 생명을 애처롭게 여겨 싸우지 않는 것이
진정한 승리란 의미다.

夫慈 以戰則勝 以守則固
부자 이전즉승 이수즉고

하늘이 성인을 구제할 때는 늘 '자애'로써 호위한다.

天將救之以慈衛之
천장구지이자위지

제68장
하늘과 짝함

훌륭한 장수는 무용을 드러내지 않고

善爲士者 不武
선위사자 불무

유능한 전술가는 분노하지 않으며

善戰者 不怒
선전자 불노

적을 잘 물리치는 자는 적과 맞붙어 싸우지 않고

善勝敵者 不與
선승적자 불여

사람을 잘 쓰는 자는 자신을 낮춘다.

善用人者 爲之下
선용인자 위지하

이것을 일러 '싸우지 않음의 덕'이라 하고

是謂不爭之德
시위부쟁지덕

이것을 일러 '사람을 쓰는 힘'이라고 하며

是謂用人之力
시위용인지력

이것을 일러 '하늘과 짝한다.'고 한다.

是謂配天
시위배천

옛날의 지극한 도는 이런 것이다.

古之極也
고지극야

제69장
자애는 천하무적

용병에 관해 전해 내려오는 말이 있으니

用兵有言
용병유언

자신은 감히 주체가 되지 않고
□ 전쟁을 먼저 도모하지 않는다.

吾不敢爲主
오불감위주

객체가 될 것이며
□ 군사를 움직이는 데 피동적이 된다.

而爲客
이위객

감히 한 치도 나아가지 않고 아예 한 자를 물러난다고 했다.

不敢進寸而退尺
불감진촌이퇴척

이것을 일러 '나아감이 없는 행진'이라고 한다.

是謂 行無行
시위 행무행

(그렇게 할 수 있으면)
소매를 걷어 올려도 팔뚝이 없고
□ 팔소매를 걷어붙이지 않아도 되고

攘無臂
양무비

밀고 당길 적이 없으며
□ 적과 맞붙어 싸우지 않아도 되며

扔無敵
잉무적

잡을 병기가 없다.
□ 병기를 잡지 않아도 된다.

執無兵
집무병

적을 가벼이 여기는 것보다 더 큰 화는 없으니

禍莫大於輕敵
화막대어경적

적을 가벼이 여기면 자신의 보화를 모두 잃게 된다.

輕敵 幾喪吾寶
경적 기상오보

그런 까닭에 군대를 일으켜 서로 싸울 때는

故抗兵相加
고항병상가

○ 생명을 애처롭게 여기는 자가 (싸우지 않고도) 이기는 것이다.

□ 참된 승리란 싸우지 않는 것이다.

□ 참고: 67장, '자애로 싸우면 이기고 자애로 지키면 견고하다'

哀者勝矣
애자승의

성인은 용병을 가르친 적이 없다

이 69장을 성인이 용병을 가르친 것으로 잘못 해석한 분들이
많다.

하지만 성인은 용병을 언급한 적도 없고 그런 것을 가르치지
도 않았다. 성인은 오직 살리고자 할 뿐이며 용병은 죽이는 일
이기 때문이다.

성인은 이 장에서 용병에 관한 말을 빌려 자신의 뜻을 전하
고자 했을 뿐이다. 그분이 전하고자 한 참뜻은 승리하는 법이
아니라, 서로 피 흘리며 싸우지 말라는 것이고, 진정한 승리는
살상(殺傷)으로 얻어지는 것이 아니니 자애(慈愛)만이 투쟁을
멈추게 한다는 것이다.

성인의 마음을 볼 수 없으면, 오직 글귀와 인간적 판단에 의
해 해석할 수밖에 없으니 성인의 참뜻은 영원히 묻혀버리게
된다.

제70장
도를 하라고 따라 다닐 수는 없다

나의 말은 너무 쉽고 행하기도 너무 쉽지만

吾言甚易之 甚易行
오언심이지 심이행

천하 사람들은 알 수도 없고 행할 수도 없다.
□ 사람들은 나의 말을 알아듣지도 못하고 들으려 하지도 않는다.

天下莫能知 莫能行
천하막능지 막능행

○ 나의 말은 '만물 중에 으뜸가는 것'을 가리키고 내가 섬기는 것은 '만물의 왕'이지만

言有宗 事有君
언유종 사유군

무릇 오직 이를 알 수 없는 까닭에 나를 알지 못하니

夫唯無知 是以不我知
부유무지 시이불아지

나를 아는 이는 드물고 나를 본받는 이는 귀하다(더욱 드물다).

知我者希 則我者貴
지아자희 즉아자귀

이 때문에 성인은 칡베 옷을 걸치고 옥을 품은 사람일 수밖에 없는 것이다.

□ 성인은 천하의 보물(도)을 지녔지만 겉모습으로만 판단하면 그를 알 수 없고 그 보물을 얻을 수도 없다.

是以聖人被褐懷玉
시이성인피갈회옥

성인은 닮으라고 있는 분이다

도를 하는 것은
도를 공부하는 것이 아니라
성인을 닮기 위한 것이다.
그것은 도와 하나 된 성인을 본받아
성인의 삶을 살고자 하는 것이며
성인을 가까이 함은 그의 삶을 배우기 위해서다.

성인의 삶을 산다는 것은
세상과 멀어지는 것이 아니라
지금 여기에서 '참' 사는 것이며,
그를 닮는다는 것은 죽음으로 가는
소아(小我)의 삶을 탈피하는 길이다.

그러므로 성인이 빛을 주시는 뜻은
우리 모두의 거듭남을 위한 것이며,
욕망을 더 키우고 세상사에 몰두할 힘을
제공하기 위함이 아니니,

도를 하는 사람은
성인과 인연됨의 의미를 깨쳐야
인생의 고통에서 벗어날 수 있고
성인이 바라는 바대로 살아야
자신을 구원할 수 있다.
성인은 개인을 위한 존재가 아니며
세상 모두를 위한 존재이기 때문이다.

그런 까닭에 도를 하면서도
남을 살리고자 하는 마음이 없고
남을 위하는 마음도 없으며
나만 살겠다고 하는 자는
도를 하는 사람이 아니며
빛만을 탐하는 자이고
그 마음 때문에 빛마저도 잃게 된다.

제71장
최상의 앎은?

○ 내가 '아는 것이 없음'을 아는 것이 최상의 앎이고

□ 인간이 진정 안다면 불행비극을 겪지도 않을 것이고 늙고 병들어 죽지도 않을 것이다.

□ 알아도 모른다고 하거나 알면서도 모르는 척하는 것은 자신을 지키겠다는 처세술에 지나지 않으니 그것은 최상도, 최상의 앎도 아니다.

知 不知 上
지 부지 상

알지 못하면서 안다고 하는 것이 병이다.

□ 진정 아는 자는 일(一)을 아는 자이며 오직 일(一)을 섬기는 자이다. 자신이 안다고 자만하는 자는 일(一)을 얻을 수 없고 그 기회마저도 얻을 수 없다.

不知 知 病
부지 지 병

무릇 오직 병을 병으로 알면 그 때문에 병이 되지 않으니

夫唯病病 是以不病
부유병병 시이불병

성인은 병을 병으로 알기 때문에 병에 걸리지 않고 병이 없
는 것이다.

聖人不病 以其病病 是以不病
성인불병 이기병병 시이불병

□ 참고: 사람들은 육체의 병만을 병으로 알고 있으나 육체의 병은 마
음의 병이 육체로 전이된 것일 뿐이다. 진짜 병은 마음의 병이며 가장
큰 마음의 병은 움켜쥐려는 '욕심'과 대상을 내려놓을 수 없는 '집착'이
다. 이 둘만이라도 진정 비울 수 있으면 오래도록 건강하게 살 수 있고
더 많이 행복할 수 있으며 삶의 양상도 달라지게 된다.

제72장
진정 사는 길은 도에 있다

○ 사람이 (세속의) 권위(힘)를 숭배하지 않을 때 비로소 자신에게 '큰 권위'가 이르게 된다.

□ '세속의 권위'가 아무것도 아님을 깨달은 사람에게는 '큰 권위(도)'가 이르게 된다.

□ '큰 권위'는 도를 의미한다.

民不畏威 則大威至
민불외위 즉대위지

○ (만약 큰 권위가 이르렀다면) 그(큰 권위)가 머무는 곳(마음)을 옹색하게 하지 말며

□ 그(큰 권위)가 이르게 된 자는 그가 머무는 곳(마음)을 산란하게 하지 말고 비워야 한다.

無狹其所居
무협기소거

그(큰 권위)가 거기서 염증을 내지 않고 살 수 있게 해야 한다.

無厭其所生
무염기소생

무릇 오직 그를 염증나지 않게 해야만 그(큰 권위)도 머무
는 일에 염증을 내지 않는다.
□ 욕심과 집착은 그를 염증 나게 하는 일이니 그가 온전히 머무를 수
가 없다.

夫唯不厭 是以不厭
부유불염 시이불염

이러한 까닭에 성인은 자신을 알지만
□ 도에 의해 달라진 자신을 알지만

是以聖人自知
시이성인자자

자신을 드러내지 않으며
□ 도를 이야기하면 사람들이 알아듣지도 못하고 이야기한 사람만 곤
란해진다.

不自見
부자현

자신을 참되게 사랑할 뿐

自愛
자애

스스로 귀한 사람이라고 하지 않는다.

不自貴
부자귀

그런 까닭에 성인은 저것(세속의 권위)을 버리고 이것(큰 권위)을 취한다.

故去彼取此
고거피취차

성인은 권위를 두려워하라고 말하지 않았다

거의 모든 번역서가 예외 없이 이 장을 원저자의 뜻과 다르게 해석하고 있다. 이 72장은 백성이나 통치자에게 무엇을 경고한 장이 아니라 자기구제에 관한 장이다. 그 이유는 글의 후반부를 보면 알 수 있다.

만약 다른 번역서대로 해석하면 글의 전반부인, '민불외위(民不畏威)~시이불염(是以不厭)'과 글의 후반부인, '시이성인자지(是以聖人自知)~고거피취차(故去彼取此)'가 뜻이 전혀 통하지 않게 된다. 즉, 성인의 말씀이 앞뒤가 맞지 않고 횡설수설이 되어버린다는 것이다.

성인은 이 책의 어느 장에서도 백성들에게 통치자의 권위를 두려워하라거나 그렇게 하지 않으면 두려운 일이 생길 것이라고 경고하는 식의 말씀을 한 적이 없다.

알다시피 책 속의 성인은 한결같이 그럴싸한 위엄과 권위의 폐해를 지적하면서 그것을 끊으라고 했을 뿐이다.

그러한 성인이 인간의 사고에서 나온 것(권위, 위엄)을 두려워하라고 한다면 스스로 유위(有爲)를 가르친 것이나 다름이 없을 것이다.

결국 성인이 72장에서 전하고자 했던 바는 큰 권위(도)에 의
한 자기구제인 것이다.

제73장

하늘의 그물은 놓치는 것이 없다

감행하는 데 용감한 자는 죽임을 당하고
□ 무모한 행동을 일삼는 자는 죽고

勇於敢則殺
용어감즉살

감행하는 데 용감하지 않은 자는 산다고 하지만
□ 무모한 행동을 삼가는 자는 산다고 하지만

勇於不敢則活
용어불감즉활

○ 이 두 가지(감행하는 것, 감행하지 않는 것)의 결과가 언제나 동일한 것은 아니다.

此兩者
차양자

즉, 감행하는 것이 이익이 될 때가 있고 감행하지 않는 것이 해로울 때도 있다는 것이다.

□ 감행했더라면 살 것을 그 반대로 했기 때문에 죽는 경우도 얼마든지 있다.

或利或害
혹리혹해

○ (하지만) 하늘은 어느 쪽도 선호하지 않으니

天之所惡
천지소오

그 까닭을 어느 누가 알겠는가?

孰知其故
숙지기고

(아무도 알 수 없으니) 성인도 그 까닭을 알기 어려운 듯하다.

是以聖人猶難之
시이성인유난지

(인간이 천리를 거역할 수 없는 이유와 하늘에 매달려야 하
는 이유는 다음과 같다.)

하늘의 도는 싸우지 않아도 잘 이기고

天之道 不爭而善勝
천지도 부쟁이선승

말이 없지만 잘 응해 주고

不言而善應
불언이선응

부르지 않아도 스스로 찾아오며

不召而自來
불소이자래

태연한 모습을 하고 있어도 일을 잘 만든다.

繟然而善謀
천연이선모

하늘의 그물은 엉성한 것 같지만 어느 것도 놓치는 것이 없다.

□ 인간이 모든 것을 다 알 수는 없다. 그러므로 대과 없는 인생을 바란다면 하늘에 매달려야 한다는 말씀이다. 하늘은 하늘의 의를 구하는 자를 세심하게 보살피며 길 없는 곳에서도 길을 틔워준다.

天網恢恢 疏而不失
천망회회 소이불실

'도'만이 아는 자이다

우리가 진정 아는 자라면,
육심을 부리거나 투쟁하지도 않을 것이고
늙고 병들어 죽는 일도 없을 것이다.
그런 까닭에, 우리가 아무리 안다 할지라도
갖가지 한을 가슴에 안고 살다가
종국에는 몸이 무너져 죽는다면,
그런 우리의 앎은 진정한 앎이 아니다.

참된 앎은 세상의 지식이 아니며
우리가 미처 깨닫지 못한 앎이다.
그 앎은 내가 아무것도 아니며,
내가 아는 것이 없음을 겸허히 인정할 때
받아들여지는 앎이다.
그 앎은, 일(一)을 체득한 앎이며
유무의 세계를 파악한 앎이고
사물의 원형이 의식임을 깨달은 앎이다.

이러한 앎은 우리 모두를 살리는 앎이며
참된 원인을 볼 수 있게 하고

원인을 교정함으로써 결과를 교정하는 앎이다.

그러나 참된 앎은 세상의 지식이 아닌
무(無)로부터 오는 앎이며
그 무를 알아야 얻게 되고
무를 알고 무에게로 돌아가면
무의 '자애'가 태초부터
우리를 살려왔다는 것을 알게 된다.
그 무란 도(道)이며, 우리를 떠난 적이 없는
우리의 본적지다.

그(도)는 진정 아는 자이며 모르는 것이 없는 자다.
그는 털끝만한 씨앗에 아름드리나무를 집어넣었고,
티끌보다 작은 수정란에 인간을 집어넣었다.
그는 지구표면에 바다가 머물게 했고
해와 달이 다니는 길을 놓았다.
그런 그가 알지 못하는 것이 있고 할 수 없는 일이
있겠는가?
나의 평온과 안전은 오직 그를 알고 정성을 다해
지키는 데 있으니,
그는 나의 수족보다 더 가까이 있고
세세한 데까지 자비와 사랑으로 보살피며
세상에 없는 평화와 안전을 주시는 하늘 중의 하늘
즉, 노자가 말씀한 도(근원)인 것이다.

제74장

천리를 거역하여 죽는다

백성이 죽음을 두려워하지 않는다면

民不畏死
민불외사

어찌 죽음으로 그들을 두려워하게 할 수 있겠는가?

奈何以死懼之
내하이사구지

만약 죽음으로 늘 백성을 떨게 하면서 기이한 짓을 하는 자가 있다면,

若使民常畏死 而爲奇者
약사민상외사 이위기자

○ 내가 그 자를 잡아 죽인다 한들 누가 감히 나를 탓하겠

는가? (그러나 죽임은 나의 소관이 아니다)

吾得執而殺之 孰敢
오득집이살지 숙감

항상 죽이는 일을 맡은 자가 있어 죽이니

□ 그 자는 하늘을 뜻한다. 하지만 하늘이 직접 인간을 죽이는 것이 아
니라 인간이 천리(天理)를 거역함으로써 스스로 목숨을 잃는 것일 뿐
이다. 천리를 거역하는 일은 순리를 따르지 않고 자신의 욕심과 좁은
식견을 따르는 것이며, 계란이 바위치기를 감행하는 것과 같다.

常有司殺者殺
상유사살자살

그 자를 대신하여 죽인다는 것은, 유능한 목수를 대신하여
나무를 깎는 행위와 같다.

夫代司殺者殺 是謂代大匠斲
부대사살자살 시위대대장착

무릇 유능한 목수를 대신하여 나무를 깎는 사람들 중에 자
신의 손을 다치지 않는 이는 드물다.

夫代大匠斲者 希有不傷其手矣
부대대장착자 희유불상기수의

하늘은 사람을 살리기만 한다

하늘은 인간에게 죽음을 계획한 일도 없고
수명을 제한한 적도 없다.
죽음은 우리 스스로가 우리에게 던진 그물에
걸려드는 것이며,
하늘이 죽음을 내리는 것이 아니다.
죽음은 우리가 근원을 무시하고 산 대가다.
그 대가란 자아의 상실이고
거기에서 파생된 앎의 왜곡이다.

우리의 죽음은 앎의 왜곡에서 시작되었다.
앎의 왜곡이란, 우리 자신을 의식이 아니라
몸이라고 인식하는 것이며,
그 몸을 자신으로 본 결과가 죽음이다.
그것은 자신과 몸을 동일시한 것이며
몸을 자기존재의 전부라고 믿음으로써,
모든 것을 담고 있는 의식으로서의 자기,
존재하는 모든 것과 하나인 자기,
근원의 현현인 자기는 더 이상 존재하지 않게 되었다.

그렇게 되자 본디 없는 자기를 인식하게 되었다.
그 자기란, 피와 살과 뼈로 이루어진
작디작은 물체로서의 자기,
사라지지 않으면 안 될 우주의 티끌과 같은 자기다.
이 어처구니없는 인식에서 죽음은 시작되었고
죽음은 어느덧 맹목적인 신앙이 되었다.
하지만 우리는 그 신앙을 버릴 생각은 하지 않고
죽음의 책임을 하늘에 떠넘겼다.
자신의 무지와 욕심 때문에 죽는 줄 모르고
하늘은 죄지은 자를 벌하여 죽이고
천기를 누설해도 죽이며
수명을 정해놓고 더 살면 죽인다고 했다.
하지만 그 모두가 죽음의 신앙을 강화시켜온
마귀의 소리에 불과하다.
만약 하늘이 그 소리를 듣는다면
심정이 무척 착잡할 것이다.
하늘은 태초부터 인간을 살리고만 있기 때문이다.

제75장
생은 구할 것이 없다

백성이 헐벗고 굶주리는 것은

民之飢
민지기

위에서 받아먹는 세금이 과다하기 때문이니

以其上食稅之多
이기상식세지다

그래서 백성이 헐벗고 굶주리게 되는 것이다.

是以飢
시이기

백성을 다스리기 어려운 것은

民之難治
민지난치

윗사람들(위정자)이 억지로 무엇을 하려들기 때문이니

以其上之有爲
이기상지유위

그래서 백성을 다스리기 어려운 것이다.

是以難治
시이난치

○ 사람들이 죽음을 염두에 두지 않는 것은

□ 이 문장의 민(民)은 백성이라는 뜻이 아니라 '사람'이라는 뜻이다.

民之輕死
민지경사

○ 오로지 사는 일에만 정신이 팔려 있기 때문이다.

□ 사람이 살아 있을 때는 전혀 죽을 것 같지 않고 천년만년 살 것 같기에 오로지 사는 일에만 몰두하다가 죽을 때가 되면 인생이 왜 그리 짧은지를 한탄하면서 죽게 된다.

하지만 그렇게 하라고 명령한 사람은 아무도 없으니 순전히 자업자득, 자승자박의 이치에 의해 죽을 뿐이다.

우리가 실제로는 천년만년도 더 살 생명을 받아 나왔지만 세상의 덧없는 것들을 쉴 새 없이 좇으며 생명을 회복할 기회를 스스로 박탈한 결과 원통하게 짧은 생을 마감하는 것이 죽음이다.

以其求生之厚
이기구생지후

○ 그래서 죽음을 우습게 여기다가 (죽음의 이빨에 물려) 죽는 것이다.

是以輕死
시이경사

(그러한 즉,) 무릇 오직 생을 무(無 = 아무것도 아님)로 여기는 자가 생을 귀하게 여기는 자보다 현명한 자인 것이다.

□ 생이 아무것도 아님을 깨달았을 때 비로소 생의 다른 차원이 열리게 된다.

夫唯無以生爲者 是賢於貴生
부유무이생위자 시현어귀생

생(生)은 아무것도 아니다

꿈을 깨고 보면,
사람의 인생이란 정말 아무것도 아니다.
무척이나 할 것도 많고
많은 일을 하고 사는 것 같지만
그것은 마음에 의해 속고 있는 것이다.
마음이 쉴 새 없이 움직이니 무언가를
많이 하고 이룬 것처럼 착각하게 되는 것이다.
결국 살아가는 일의 귀착점은
숨 쉬고, 먹고, 싸고, 잠자는 것밖에 없으니
그것만이 생존의 진실이다.
그것이 진실인 이유는 그 일엔 잘난 이도 없고
못난 사람도 없으며, '살아 있음' 외엔
아무것도 진실이 없기 때문이다.

그러니 자신을 너무 다그치지 말라.
혼자 있을 때만이라도 좀 멍청해지고 순수해져라.
삶이란, 끊임없이 판단하며 머리를 굴린다고
잘 살아지는 것이 결코 아니다.

오히려 마음의 작위를 버릴 때 삶은 더 잘 굴러간다.
인생은 살게 되어 있고 길을 가는 여정일 뿐이니
그렇게 심각할 것도 옹색하게 굴 것도 없다.
그러니 다들 좀 쉬어가면서 길을 가면 참 좋겠다.

제76장
부드러운 것이 생의 속성

사람이 살아 있을 때는 몸이 말랑말랑하지만

人之生也 柔弱
인지생야 유약

죽으면 몸이 굳고 단단해진다.
□ 시체는 찔러도 피가 나지 않으며 관절이 굽어지지도 않는다.

其死也 堅强
기사야 견강

만물과 초목도 살아 있을 때는 부드럽고 연하지만

萬物草木之生也 柔脆
만물초목지생야 유취

죽으면 말라서 딱딱해진다.

其死也 枯槁
기사야 고고

그러므로 굳세고 강한 것은 죽음의 무리고 부드럽고 연한
것은 삶의 무리다.
□ 사람들은 부드럽고 약하면 강한 것에 짓밟힐 거라고 생각하지만 그
것은 짐승세계의 법칙이지 인간세상의 법칙이 아니다. '부드러움의 덕'
이 없으면 윗사람이 될 수도 없고 사회적으로 인정받지도 못한다.

故堅强者 死之徒 柔弱者 生之徒
고견강자 사지도 유약자 생지도

이러한 까닭에 군대가 강하면 이기지 못하고

是以兵强則不勝
시이병강즉불승

나무가 강하기만 하면 부러진다.
□ 강하기만 한 나무는 대들보가 아닌 땔감이 된다.

木强則折
목강즉절

(사람들은 크고 강한 것을 바라지만)
크고 강한 것은 아래에 놓이고

强大處下
강대처하

부드럽고 약한 것은 위에 놓인다.

柔弱處上
유약처상

제77장
하늘의 도와 인간의 도

하늘의 도는 활을 메우는 이치와 같다.

天之道 其猶張弓與
천지도 기유장궁여

활이 높으면 낮추어 주고 낮으면 높여 주며 좌, 우에서 길이
가 남는 쪽은 줄이고 모자라는 쪽은 늘인다(좌우의 균형을
맞춘다).

高者抑之 下者擧之 有餘者損之 不足者補之
고자억지 하자거지 유여자손지 부족자보지

하늘의 도는 넉넉한 쪽에서 덜어내어 부족한 쪽에 보태어
주지만

天之道 損有餘而補不足
천지도 손유여이보부족

인간의 도는 그렇게 하지 않으니

人之道則不然
인지도즉불연

부족한 자에게서 덜어내어 넉넉한 자를 받든다.

損不足以奉有餘
손부족이봉유여

(그렇다면 과연) 누가 자신의 넉넉함으로 천하를 받들 수
있는가?

孰能有餘以奉天下
숙능유여이봉천하

그 일은 오직 도를 지닌 자만이 가능하다.

唯有道者
유유도자

이러한 까닭에 성인은 위하지만 의지하지 않고

是以聖人爲而不恃
시이성인위이불시

공을 이루어도 거기에 연연하지 않으며

功成而不處
공성이불처

자신의 현명함을 드러내려고 하지 않는다.

其不欲見賢
기불욕현현

제78장
부드러움이 강함을 이긴다

천하에 물보다 더 부드럽고 약한 것은 없다.

天下莫柔弱於水
천하막유약어수

하지만 굳세고 강한 것을 치는 데는 물보다 나은 것이 없고

而攻堅强者莫之能勝
이공견강자막지능승

물을 대신할 만한 것이 없다.

以其無以易之
이기무이역지

이와 같이 '약함'이 '강함'을 이기고

弱之勝强
약지승강

'부드러움'이 '단단함'을 이기는 이치를

柔之勝剛
유지승강

천하에 모르는 사람이 없지만

天下莫不知
천하막부지

그 이치대로 행하는 사람은 아무도 없다.

莫能行
막능행

이러한 까닭에 성인이 이르기를, 나라의 궂은일을 끌어안
는 자는 사직의 주인이 될 수 있고

是以聖人云 受國之垢 是謂社稷主
시이성인운 수국지구 시위사직주

나라의 온갖 상서롭지 못한 일을 끌어안는 자는 천하의 왕이 될 수 있다고 했다.

□ '나'를 버리고 마음을 비워서 낮아진 자라야 천하를 다스릴 수 있다.

受國不祥 是謂天下王
수국불상 시위천하왕

그래서 옳은 말은 세상이치와 반대되는 말처럼 들리는 것이다.

□ 사람들은 왕과 CEO가 부귀만을 누릴 거라고 생각하지만 그건 하나만 알고 둘은 모르는 처사다. 그 자리가 얼마나 고독하고 인간적인 애로가 많은지 경험해 보지 않은 사람은 알 수 없다.

正言若反
정언약반

제79장
중생들은 성인에게 항상 빚을 진다

큰 원한은 화해한다 해도

和大怨
화대원

마음에는 반드시 앙금이 남게 되니

必有餘怨
필유여원

그런 화해를 어찌 참된 화해라고 할 수 있겠는가?

安可以爲善
안가이위선

○ 그런 까닭에 (인간관계에 티끌만 한 원한도 없기를 바라
는) 성인은 좌계(빚 문서)를 잡고 있기만 하지

□ 성인은 빛과 생명을 주고 중생들은 그 빛과 생명을 받는다. 그 때문에 성인은 자연히 채권자가 되고 중생들은 채무자가 된다.
□ 계(契): 나무로 만들어 두 쪽으로 나눈 어음, 좌계는 채권자가 가지고 우계는 채무자가 갖는다.

是以聖人執左契
시이성인집좌계

갚으라고 채근하거나 독촉하지 않는다.
□ 성인은 자신이 주고 베푼 것에 대해 보답을 기대하지 않으며 뿌리치지도 않는다.

而不責於人
이불책어인

그런 까닭에 덕이 있는 자는 빌려주고 돌려받는 일을 맡고
□ 빌려준 것을 돌려받는 일에 원한을 사는 일은 드물다.

故有德司契
고유덕사계

덕이 부족한 자는 거두는 일을 맡는다.
□ 거두는 일을 맡은 사람은 자기 것을 거두는 것이 아닌 데도 자칫하면 원한을 사기 쉽다.

無德司徹
무덕사철

하늘의 도는 사사로운 친함이 없지만 항상 선인(도를 좇는
자)과 함께한다.

天道無親 常與善人
천도무친 상여선인

제80장
정말 살기 좋은 나라는

○ 나라도 없는 듯하고 백성도 없는 듯하다.

□ 무위, 무사를 실천하는 나라는 국가라는 개념이 희박하여 다정한 이웃이 모여 사는 마을 같고, 백성이 많아도 사방이 고요하니 마치 사람이 살지 않는 것 같다.

小國寡民
소국과민

○ 법령, 제도, 군대가 있지만 사용할 일이 없고

□ 기(器)는 그릇, 도구가 아니라 국가이기(國家利器) 즉, 나라를 이롭게 하는 기물을 말한다.

使有什佰之器而不用
사유십백지기이불용

백성으로 하여금 죽음을 중히 여기도록 하니

□ 나라가 백성의 생명을 소중히 여긴다.

使民重死
사민중사

백성이 멀리(다른 나라로) 이사 가는 일이 없다.

而不遠徙
이불원사

(멀리 갈 일이 없으니) 비록 수레와 배가 있어도 탈 일이 없고

雖有舟輿 無所乘之
수유주여 무소승지

(전쟁할 일이 없으니) 갑옷과 병기가 있어도 내보일 일이
없다.

雖有甲兵 無所陳之
수유갑병 무소진지

백성들로 하여금 다시 결승을 지어 사용하도록 하니
□ 결승으로 의사소통했던 옛 사람의 순박한 삶으로 돌아가게 하니
□ 결승(結繩): 노끈을 매듭지어 사용한 고대의 문자

使民復結繩而用之
사민부결승이용지

백성들은 자신의 밥이 달게 느껴지고

甘其食
감기식

자신의 옷이 아름답게 느껴지며

美其服
미기복

자신의 거처가 편하고

安其居
안기거

자기네 풍속을 즐기니

樂其俗
낙기속

이웃나라가 서로 바라보이고, 닭소리 개 짖는 소리가 들릴
정도로 가까워도

隣國相望 鷄犬之聲相聞
인국상망 계견지성상문

백성들은 늙어 죽을 때까지 그곳을 왕래하는 일이 없다.

民至老死 不相往來
민지노사 불상왕래

소국이 이상국가의 절대조건은 아니다

이 80장을 보면 모든 번역서에서 동일한 해석을 해놓은 것을 볼 수 있다.

이 장의 다른 문장들은 해석상 별 문제가 없으나 첫머리의 '소국과민(小國寡民)'과 '사유십백지기이불용(使有什佰之器而不用)', 두 문장의 해석이 원저자의 뜻을 전혀 살리지 못하고 있다.

첫째, '소국과민(小國寡民)'을 '나라가 작고 백성이 적다.' 혹은 '나라의 규모를 줄이고 백성을 줄이라.'고 해석해 놓은 것을 볼 수 있다.

그러한 해석은 통치자가 큰 나라에 대한 욕심을 버려야 한다는 것이고, 큰 나라보다 작은 나라가 이상정치를 하기 쉬울 거라는 논리에서 비롯된 것이지만 그런 논리는 현실과 맞지 않다.

왜냐하면, 나라가 크고 인구가 많아도 국민소득이 높고 잘사는 나라가 있는가 하면 나라가 작고 인구가 적어도 기아에 허덕이는 나라가 있기 때문이다.

그러므로 이상국가의 요건은 어디까지나 구성원의 자질 문제이지 영토와 인구의 대소다소에 좌우되지 않는다는 것을 알 수 있다.

둘째, '사유십백지기이불용(使有什佰之器而不用)'을 '각양각색의 기물이 있지만 쓰이지 않게 한다.' 혹은 '열 사람, 백 사람 몫의 도구가 있어도 사용할 필요가 없다.'로 해석해 놓았다.

이 문장에 대한 해석 역시, 이상국가가 되면 백성들이 무사, 무욕해져서 기물이 사용되지 않을 거라고 추측한 결과에 지나지 않는다. 하지만 '사유십백지기(使有什佰之器)'의 기(器)는 백성의 기물이 아니라 나라의 기물을 뜻한다.

그러므로 '소국과민(小國寡民)'과 '사유십백지기이불용(使有什佰之器而不用)'은 무위의 정치를 실현한 나라의 구체적인 모습이라 할 수 있다.

즉, '소국과민'은 나라와 백성이 제 할 일을 하고 모두가 서로 돕고 살아가니 늘 평화롭고 고요하여 마치 나라도 없고 백성도 없는 것 같은 상태를 묘사한 것이고, '사유십백지기이불용'은 도둑과 범죄와 전쟁이 없으니 나라의 기물인 법령, 제도, 군대가 할 일이 없어진 상태를 묘사한 말씀에 지나지 않는다.

제81장
하늘의 도리는 이롭게 할 뿐이다

믿음이 있는(진실한) 말은 아름답지 않고

□ 진언과 충언은 귀에 거슬리고, 자신에게 이로운 말은 귀에 달콤하지
않다.

信言不美
신언불미

아름다운 말은 믿음이 없다.

□ 아첨하는 말과 유혹의 말은 거짓일지라도 귀에는 달콤하다.

美言不信
미언불신

선한 사람은 말을 교묘하게 하지 않고

□ 선한 사람은 자신을 변론하는 데 서툴다.

善者不辯
선자불변

말을 교묘하게 하는 사람은 선하지 않다.
□ 선하지 않은 사람은 살피고 감추는 것이 많고 자신이 불리한 말을
하지 않는다.

辯者不善
변자불선

참으로 아는 사람은 박식하지 않고

知者不博
지자불박

박식한 사람은 알지 못한다.

博者不知
박자부지

성인은 쌓지 않으니
□ 성인은 재물을 쌓지 않고 덕을 쌓는다.

聖人不積
성인부적

이미 타인을 위해 써버렸지만 쓰면 쓸수록 자신에게는 더욱 있게 되고

旣以爲人己愈有
기이위인기유유

이미 타인에게 주었지만 주면 줄수록 자신에게는 더욱 많아진다.

旣以與人己愈多
기이여인기유다

하늘의 도는 이롭게 할 뿐 해롭게 하지 않으며

天之道 利而不害
천지도 이이불해

성인의 도는 위하기만 하니 다툴 일이 없다.

聖人之道 爲而不爭
성인지도 위이부쟁

끝맺는 말

　우리는 삶을 살고 있지만 '사는 길'이 어디에 있는지를 배우
지 못했다. 그런 우리가 살기 위해 좇는 길은 대강 정해져 있
다. 그것은 돈과 명예, 지식, 특별한 관계 등이며, 그러한 것들
로부터 위안을 얻고자 하는 삶은 우리가 조상대대로부터 답습
해온 것이다.

　그리고 그 삶은 우리의 뇌리에 유일한 생(生)의 길로 각인되
어 있다. 하지만 생이 아닌 길에서 삶을 구하는 일은 인생길의
과정과 결과에서 허무만을 안겨줄 뿐, 우리에게 결코 만족을
줄 수 없고 행복을 가져다줄 수도 없다.

　그 이유는 인위적이고 작위적인 모든 것들은 일시적인 위안
을 제공할 뿐이며, 전적으로 믿고 의지할 수 있는 것이 아니기
때문이다.

　이러한 유형의 삶은 언제나 정신적 공허감과 생명의 고갈을
동반하지만, 정신과 생명은 결코 돈이나 특별한 관계를 통해
복구되지 않으니 우리의 삶은 늘 불안정할 수밖에 없고 어디서
길을 찾아야 할지 방황하게 된다.

성인이 우리에게 '도를 알고 도를 지키라'고 한 것은 생명을 기르고 회복하는 길이 도에 있기 때문이다.

그 말씀은 성인이 도가 없는 인생을 샛길로, 도가 있는 인생을 대로에 비유함으로써 다시 한 번 강조된다.

왜, 도가 없는 인생이 샛길인지 그 이유는 세 가지로 요약할 수 있다.

첫째, 샛길은 도가 없는 부모조상님들이 아무런 의문의심 없이 우리에게 물려준 삶의 방식 즉, 세상 사람들이 '사는 길'이라 믿고 걷는 모든 길을 의미한다.

둘째, 샛길은 좁고 시야가 제한되어 앞에 무엇이 있는지 분간할 수 없고 좌우가 막혀 위험을 피할 수도 없다.

셋째, 샛길을 다니다 보면 그 길만 다니려고 하지 다른 길이 있어도 볼 수 없고 보아도 가려 하지 않는다. 우리가 도를 모르고 도에서 삶을 구하지 않는 것은 이 셋째가 주된 원인이라 할 수 있다.

도(근원)에서 삶을 구한다 함은 자신의 처지와 관계없이 '도에 의한 삶'을 사는 것을 의미한다.

'도에 의한 삶'이란 자신이 하던 일을 버리거나 은둔하는 것이 아니라 일상의 바쁜 와중에서도 생명을 기르고 회복할 시간을 자신에게 허락하는 삶을 말한다.

이러한 삶이 왜, 필요한지 그 이유는 단순하다. 그것은 하루 삶의 괴로움과 생명소모가 중첩된 결과가 죽음이며 인간갈등,

병과 사고 등의 불행을 겪는 원인도 결국 생명의 고갈에 있기 때문이다.

그뿐만 아니라, 세상의 혼란상 또한 생명이 고갈된 인성(人性)의 반영에 지나지 않는다.

세상의 온갖 불행비극은 그것이 스스로 일어나는 것이 아니라 개개인의 마음이 생명고갈로 밴댕이처럼 좁아진 결과 발생하는 일들이기 때문이다.

지면 관계상 이야기를 다 할 수는 없지만, 필자는 본서를 읽는 독자들만이라도 근원을 재고해 주셨으면 하는 바람을 가지고 있다. 그것은 성인이 전한 도(근원)가 깨달음의 원천일 뿐 아니라 둘 없는 '생명회복의 길'임과 동시에 '가장 쉬운 삶의 길'이기 때문이다.

그럼에도 불구하고 성인의 시대나 지금이나 사람들이 샛길만을 다니려고 하며 대로를 보지 못하는 것은 참으로 안타까운 일이 아닐 수 없다.

하지만 세상은 급변하고 있으며 해묵은 사고방식이 통하지 않는 시대적 흐름은 나날이 거세어지고 있다.

금세기에 들어와서 나라와 지역의 구분 없이 벌어지고 있는 극단적인 사건들과 온갖 혼란상은 사람이 주축인 것 같지만 실상은 구시대의 질서가 붕괴되는 과정임과 동시에 세상이 새 질서로 옮겨가는 수순에 불과한 것들이다.

이러한 시대적 현상들을 직시할 때, 근원으로의 복귀가 더없이 소중한 것은, 그 일이 아귀북새통 같은 세상에서 자신과 가족의 안전을 위한 유일한 길이기 때문이다.

하지만 그 길을 가라고 강요할 수는 없다. 다만, 시간이 흐를수록 회향(回鄕)의 중요성을 깨닫는 사람이 늘어날 것이고, 그 일은 각자 모두에게 인생의 중대과제로 대두될 것이라는 점만 예측할 수 있을 뿐이다.

필자가 하필이면 이 시기에 『도덕경』을 출간하게 된 것은 우연일 수도 있겠지만 어쩌면 시대적 필요에 의한 것일지도 모른다.

아무쪼록 본서가 세상 모든 분들이 근원으로 돌아가서 진정한 생의 기쁨을 얻는 데 보탬이 된다면 필자로서 더 큰 보람은 없을 것이다.

□ 참고: 해묵은 사고방식이란 '모두가 하나임'을 깨닫지 못해 오직 '나'를 지키고 불리려는 욕심에서 비롯된 온갖 형태의 이기적이고 교활한 사고를 말한다.

참고문헌

먼저 아래 참고문헌을 출간하신 필자님들께 감사드린다.
필자님들의 업적이 없었더라면 원문을 구하는 일부터 쉽지 않
았을 것이고 글 작업은 시간이 더 소요되었을 것이다.

1. 이상기, 『삶의 지혜 노자도덕경』, 전원출판사, 2000.
2. 이석명, 『노자도덕경 하상공장구』, 소명출판, 2005.
3. 임헌규, 『노자도덕경 해설』, 철학과 현실사, 2005.
4. 오강남, 『도덕경』, 현암사, 2007.
5. 윤재근, 『편하게 만나는 도덕경』, 동학사, 2015.
6. 안성재, 『노자의 다르지만 같은 길』, 어문학사, 2015.
7. 문성재, 『처음부터 새로 읽는 도덕경』, 책미래, 2015.

◎ 보다 선명한 의미전달을 위해 초판의 일부를 수정하였으니 참고바랍니다.

구분	초판(初版)	재판(再版)
4쪽 L7	욕심을 근거한	욕심에 근거한
9쪽 L10-11	대명사가 많으며 특히 글과 문장 사이의 연결어가 생략된 문장이 태반이었기 때문이다.	대명사가 많아서 의미연결이 되지 않는 문장이 태반이었기 때문이다.
9쪽 L16	… 저자에게 문의할 수 …	… 원저자에게 직접 물어볼 수 …
11쪽 L3	문장은	일부문장은
108쪽 본문 L1	생명을 회복하는 것은	생명을 회복시킴은
본문 L2	상을 알면	상(常)을 알면
120쪽 본문 L3	즉, (임금부터) 검소함을 보이고 순박함을 지키며	즉, 몸소 검소함을 보이고 박(樸=도)을 끌어안아서
123쪽 본문 L2 각주□	서로의 사고가	사고의 차원이
176쪽 본문 L2	강함을 추구하는 것은	쇠퇴하는 것은
183쪽 본문 L3	지킬 수 있다면	지키고 따를 수 있다면
185쪽 본문 L1	머물게 될 것이니	머물 것이니
199쪽 본문 L2	지킬 수 있다면	지키고 따를 수 있다면
본문 L3	(… 지키는 사람들 …)	(… 지키고 따르는 사람들 …)
200쪽 본문 L1	(… 지켜서 …)	(… 지키고 따라서 …)
201쪽 L10	지키는	지키고 따르는
237쪽 본문 L1 각주□ 추가	군마가 전선에서 새끼를 낳는다.	군마가 전선에서 새끼를 낳는다. □ 도가 없는 세상은 인간의 탐욕에 의해 편치 못한 곳이 된다.

본문 L2	욕심을 부리는 것보다	(그러한 즉) 욕심을 부리는 것보다
본문 L2 각주□	전쟁을 일으키는 것은 군주가 욕심을 부린 결과일 뿐이다.	침략전쟁은 군주가 욕심을 부린 결과다.
240쪽 L 12	그 결과는 실제로 감사할 수 없는 일을 벗하는 것이다.	그 결과는 병과 가난을 벗하는 것이다.
266쪽 본문 L1	'지극히 작음(도)'을 아는 것을 '밝음'이라고 하며	'밝음'이란 '지극한 작음(도)'을 아는 것이고
본문 L2	'온유함'을 지키는 것을 '강함'이라고 한다.	'강함'은 '온유함'을 지키는 것이다.
339쪽 L9	싸우지 않는 것이며	살상(殺傷)으로 얻어지는 것이 아니니
342쪽 L6	그를 닮기 위한 것이다.	그의 삶을 배우기 위해서다.

노자
도덕경

초판 1쇄 발행 2018년 6월 29일
    2쇄 발행 2019년 5월 22일

저자   老子
역자   무공
감수   묵정

펴낸이   이기봉
편집   좋은땅 편집팀
펴낸곳   도서출판 좋은땅
주소   경기도 고양시 덕양구 통일로 140 B동 442호(동산동, 삼송테크노밸리)
전화   02)374-8616~7
팩스   02)374-8614
이메일   so20s@naver.com
홈페이지 www.g-world.co.kr

ISBN   979-11-6222-522-6 (03140)

이 도서의 국립중앙도서관 출판시 도서목록(CIP)은 서지정보유통지원시스템 홈페이지(http://seoji.nl.go.kr)와 국가자료공동목록시스템(http://www.nl.go.kr/kolisnet)에서 이용하실 수 있습니다. (CIP제어번호 : CIP2018018808)